JN271256

グローバル・エコノミクス宣言

栗原 裕

学文社

はじめに

　私たちの日常生活に，世界経済とのかかわりが不可欠であることはいうまでもありません。食料品はもちろん，衣料，自動車などさまざまな輸入品を見聞きする機会が多く，直接貿易取引や金融取引にたずさわっている人も多くなっています。世界の景気動向や為替レート，株価の動きが私たちの生活にまで影響を及ぼしています。2008年に発生した金融危機で，まさにそれを目の当たりにすることになりました。この本では，こうした問題を理解するための基礎理論を習得し，経済問題を理解する能力を身につけることを目標とします。

　世の中で起こる事象は，ますます複雑化していて伝統的な経済学だけでは問題の本質を見失う可能性があります。旧来の枠組みや体系では説明できない事象も多く，国際的な現象については，なおさらその傾向が強いかと思います。総合的，学際的な視点が要求されている所以です。

　近年，人々の考え方や生き方にも大きな変化が見受けられるようになりました。大学では，企業への就職をめざす学生に加え，キャリアアップ，自己研鑽（けんさん）をめざす社会人，主婦，そして高齢者の方が徐々に増加しています。また，研究者志望の学生，社会人も受講しています。現在多くの大学では，専門知識・スキルを提供することにウエートがおかれつつあります。私はそれを否定しませんが，複合的な視野，分析力，想像力を備えた人材の育成がより求められています。そうした見識，精神の涵養が厳しい状況下の日本経済の突破口になるきっかけになるかもしれません。

　1990年代初頭から，日本は未曾有の不況を経験しました。けれども私たちは多くの国と比較すると物質的には，はるかに豊かな生活を享受しています。にもかかわらず，精神的に幸せでしょうか。世界情勢は混沌として，治安や秩序が乱れ，モラルも低下しています。今こそ新しいビジネスや社会をデザインする政策立案能力が求められているのです。

　筆者は研究にあたり，どちらかというと理論的，計量的な分析手法に重きを

おいたスタンスをとってきました。理論的に物事を分析し考察することは経済学の分野に限定せずとも重要なことですが，現実の問題に目を向けることは非常に大切なことです。本書では学生の皆さんが理論と現実を関連づけながら総合的な学問的思考方法を身につけ，専攻学問への知識探求の訓練ができるよう配慮したつもりです。

この本は，3部から構成されています。第Ⅰ部は，モノの流れ，すなわち貿易を扱います。第Ⅱ部は，各国・各地域で現在起こっている経済問題を中心にしますが，世界規模での問題として，地球環境問題や食料問題も扱います。第Ⅲ部は，カネの流れ，すなわち国際金融が中心です。そのほか，デリバティブ，電子マネーなど，最新の金融問題も扱っています。なお公務員試験，各種検定試験，入社試験なども掲載しています。

Coffee Break では，関連する領域について補足しています。

各章は独立したかたちで読んでいただいても困らないように工夫しておりますが，できれば，はじめから飛ばさず読んでください。

本書のレベルは，大学学部レベルですが，一般の読者の方々も含め比較的幅広い層を対象にしていることもあり，大学院生で研究者を志望する人など，より専門的な勉強をするためには，本書だけでは不十分です。さらに進んだ学習ができるよう参考文献を記載しました。

本書での説明については，単純な加減乗除を除いて数式を使うことを極力控えました。精緻なかたちで経済現象の証明をするためには，数学の利用は不可欠です。図を用いることで，直感的な理解を求めることにウエートをおきましたが，詳しい数式については他書を参考にして下さい。また，ミクロ経済学，マクロ経済学の勉強が不可欠ですが，『経済学・宣言』（学文社）とあわせて勉強すると，さらに効果があがるでしょう。

最後になりましたが，この本の作成にあたり，学文社田中千津子社長には，多くのご助力をいただきました。記して感謝いたします。

平成 21 年 8 月

栗原　裕（ゆたか）

目　次

はじめに　i

第Ⅰ部　国際貿易

第1章　変わる日本の貿易構造 ──────────────────2

1　戦後日本の高度経済成長と貿易構造　2

2　貿易構造の変化　7

3　最新の貿易状況　12

第2章　国際貿易の基礎理論 ──────────────────13

1　貿易はなぜ起こるか　13

2　リカードー（Ricardo）の比較優位説　14

3　ヘクシャー＝オリーンの理論　18

4　要素価格の国際間均等化　20

5　貿易の三角形　21

6　国際貿易に関するそのほかの代表的な理論　29

第3章　貿易取引のしくみ ──────────────────35

1　貿易取引の概要　35

2　最新の貿易取引　39

3　電子署名法　40

第4章　貿易政策 ─────────────────────43

1　貿易政策とは　43

2　余剰分析　44

3　貿易政策の理論的分析　45

第5章　国際貿易体制の新潮流と日本 ──────────────62

1　GATT（ガット）とは　62

2　ウルグアイ・ラウンド　63

　　3　WTOの誕生　65

第6章　直接投資と多国籍企業 ―――――――――――――――――― 71

　　1　直接投資とは　71

　　2　直接投資の理論　72

　　3　直接投資の現状　73

第7章　食と生活 ―――――――――――――――――――――――― 76

　　1　日本の食料問題　76

　　2　農業をめぐる問題　79

　　3　これからの農業政策　80

第Ⅱ部　世界経済事情

第8章　米国経済の動向 ――――――――――――――――――――― 86

　　1　レーガンとブッシュの経済政策　86

　　2　クリントンの経済政策　88

　　3　ブッシュの経済政策　90

　　4　オバマの経済政策　92

第9章　欧州経済の動向 ――――――――――――――――――――― 93

　　1　EUの成立　93

　　2　市場統合　96

　　3　通貨統合　97

　　4　ユーロ導入と今後　99

第10章　アジア経済の動向 ――――――――――――――――――― 105

　　1　アジア発展の動機　105

　　2　アジア通貨危機　107

　　3　通貨危機後の推移　109

　　4　中国経済の現状　111

第 11 章　日本経済の動向————————————————————————————115
　　1　バブルの発生　115
　　2　バブルの崩壊　116
　　3　未曾有の不況　117
　　4　インフレ・ターゲット　120
第 12 章　地球環境問題————————————————————————————124
　　1　地球環境問題の概要　124
　　2　国際的な取り組み　125
　　3　京都会議　126

第Ⅲ部　国際金融

第 13 章　金融機関とは————————————————————————————132
　　1　銀行とは　132
　　2　証券会社とは　138
　　3　その他の金融機関　143
第 14 章　為替レートの決定と決定要因————————————————————149
　　1　外国為替市場　149
　　2　購買力平価説　150
　　3　マネタリー・アプローチ　152
　　4　アセット・マーケット・アプローチ　155
　　5　為替レートの予想と為替レート　157
　　6　金利裁定取引　158
　　7　オーバーシューティング・モデル　159
　　8　為替介入　159
　　9　為替レートの動向　160
第 15 章　国際収支の決定と決定要因————————————————————162
　　1　国際収支とは　162

2　弾力性アプローチ　163
　　3　アブソープション・アプローチ　166
　　4　貯蓄・投資アプローチ　167
　　5　国際収支の動向　168

第16章　オープンマクロ経済学（開放マクロ経済学）――――171
　　1　金融政策　171
　　2　財政政策　173
　　3　オープン経済下での金融政策・財政政策の効果　174
　　4　IS・LM分析　175

第17章　金融工学（デリバティブ）――――190
　　1　デリバティブとは　190
　　2　先物・先渡し　190
　　3　オプション　192
　　4　スワップ　193

第18章　電子決済の時代――――198
　　1　電子マネーとは　198
　　2　電子マネーの特質　199
　　3　最近の動向　201
　　4　政策担当者の課題　203
　　5　今後の展開と期待　204

おわりに　206

付録　数学公式　207

索引　209

目　次

Coffee Break
 1　日本の貯蓄率はなぜ高かったのか　3
 2　IMFとは　5
 3　世界銀行（世銀）　7
 4　世界の中央銀行　7
 5　円高・円安と産業の空洞化　8
 6　先進国とOECD　11
 7　リカードー，ヘクシャー，オリーン　19
 8　信用状　38
 9　決済システム　39
10　国際決済銀行（BIS）　42
11　略称　65
12　ODA　75
13　セーフガード　77
14　人口問題　79
15　マネーストック　88
16　ヨーロッパの語源　95
17　最適通貨圏の理論　99
18　財政政策と欧州経済　102
19　世界の経済圏　106
20　固定相場制と変動相場制　107
21　中国に関するデータ　113
22　今日の為替レート　116
23　整理回収機構　117
24　基準割引率・基準貸付金利　118
25　サービサー　120
26　消費者物価指数と企業物価指数　122
27　ゼロ金利政策　132
28　ハイパワード・マネー　133
29　短期金融市場　134
30　短資会社　134
31　コール市場　135
32　BIS規制　137
33　長短分離　138
34　CP　141
35　直接金融・間接金融　145
36　クレジットカード会社　147

37 外国為替市場はどこにあるか　150
38 実質為替レート，実効為替レート　151
39 東京ドル・コール市場，東京オフショア市場　154
40 居住者と非居住者　154
41 マーシャル＝ラーナー条件の導出　164
42 国際会計基準　169
43 準備率操作とコスト・アナウンスメント効果　172
44 公共事業　175
45 限界消費性向と回帰分析　177
46 流動性の罠　180
47 クラウディング・アウトと IS ― LM 曲線　183
48 先物と先渡し　191
49 新しい決済 ― CLS 銀行，決済専門銀行，ネット銀行　196

第Ⅰ部

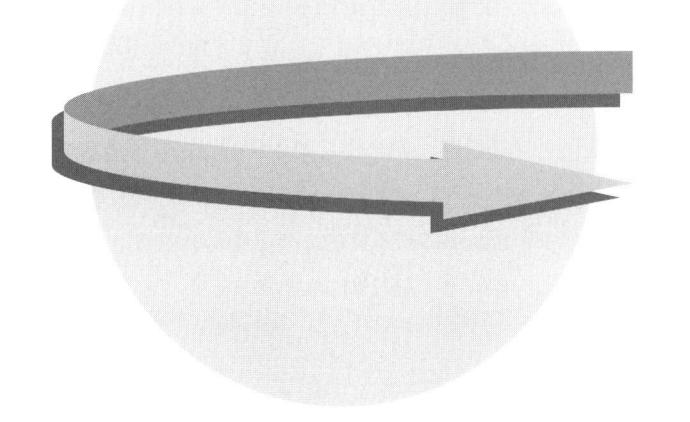

国際貿易

第1章

変わる日本の貿易構造

1 戦後日本の高度経済成長と貿易構造

　日本経済は，2009年現在，まだ明るさが見えていません。しかし，日本より生活水準が低い国をあげようとすれば，世界のほとんどの国がそれに該当するでしょう。日本が，依然として高い生活水準を維持しているのは事実です。そのきっかけとなったのが，1960年代に起こった経済成長です。日本は，戦後の荒廃期から立ち直り，高度経済成長期を経て世界でも有数の経済大国になったのです。

　豊かさを表す指標は，一概に絶対的なものがあるとはいえません。例えば，ある人は金銭よりも精神的なもの，文化や芸術をあげるかもしれません。経済学では一般に，国民一人当たりのGDPをあげることが多いです。GDP（Gross Domesitc Product）とは国内総生産のことで1年間など一定期間に生産された財やサービスの合計金額をさします。日本の国民一人当たりのGDPは，1980年には17位でしたが1988年には3位にまで上昇しました。しかし2000年の3位から落ちはじめ，2007年には19位になりました。ちなみに2007年の1位はルクセンブルクで，以下，ノルウェー，アイスランド，アイルランド，スイスでした。

　なぜ日本は，相対的に高い経済状況を享受するにいたったのでしょうか。日本の高度成長の原因として，大きく2つをあげることができます。その1つは貯蓄率の高さで，もう1つは国際貿易の拡大です。

(1) 貯蓄率の高さ

　現在の貯蓄率が数％程度であるのに対し，成長期の貯蓄率は非常に高いもの

表 1-1 日本の家計貯蓄率

(％)

年	1960	1970	1980	1990	2000	2005	2007
貯蓄率	14.5	20.3	17.3	13.9	8.6	3.0	3.1

出所）内閣府「国民経済計算年報」

でした。日本の貯蓄率の変遷は，表1-1のとおりです。この高い貯蓄率が活発な設備投資に回ったのです。ちなみに貯蓄率とは，可処分所得に占める貯蓄の割合です。可処分所得とは，個人所得のうち，自由に使える部分です。具体的には，給与，利子などの所得から，税金，社会保険料，借入金利子などを支払った残りです。

Coffee Break

1：日本の貯蓄率はなぜ高かったのか

社会保障が未発達であったことがまずあげられます。老後，病気，事故などの備えとして，貯蓄率が高くなりました。次に遺産動機の強さです。かつての日本では，子どもに家などの資産を残す代わりに，面倒を見てもらうという形態が一般的でした。つぎは，住宅価格の高さです。家を買うというのは，一生涯をかける出来事だったのです。さらに若年層の比率が高かったこと，勤勉な国民性も，要因といわれています。その貯蓄率が下がってきました。近年，その傾向は顕著です。最も大きな理由は不況であるといわれています。他の原因としてあげられるのは団塊世代（1940年代半ばから1950年代半ばに生まれた世代）の大量退職と低金利ですが，不況の影響のほうが大きく，貯蓄を取り崩している状況が読み取れます。

(2) 国際貿易の拡大

貿易高は世界各国で拡大しましたが，日本もその例外ではありませんでした。表1-2，表1-3は，日本の輸入および輸出の変遷です。以下，この表をもとに

表1-2 日本の輸入上位10品目の変遷

順　位	1960(年)	1970	1980	1990	2000	2007
第1位	原油・粗油	原油・粗油	原油・粗油	原油・粗油	原油・粗油	原粗油
第2位	綿花	木材	液化ガス	石油製品	事務用機器	液化天然ガス
第3位	羊毛	鉄鉱石	石油製品	木材	電子部品・デバイス	半導体等電子部品
第4位	鉄鉱くず	非鉄金属鉱	石炭	液化ガス	魚介類	衣類・同付属品
第5位	鉄鉱石	石炭	木材	自動車	石油ガス類	非鉄金属
第6位	小麦	石油製品	鉄鉱石	石炭	衣類（上着等）	非鉄金属鉱
第7位	木材	銅・同合金	液化ガス	事務用機器	科学光学機器	石油製品
第8位	非鉄金属鉱	綿花	有機化合物	アルミニウム・同合金	衣類（ニット類）	電算機類
第9位	生ゴム	大豆	非鉄金属鉱	有機化合物	有機化合物	石炭
第10位	砂糖	羊毛	アルミニウム・同合金	非鉄金属鉱	自動車	科学光学機器

表1-3 日本の輸出上位10品目の変遷

順　位	1960(年)	1970	1980	1990	2000	2007
第1位	綿織物	音響機器	自動車	自動車	自動車	自動車
第2位	船舶	汎用鋼板	音響機器	事務用機器	電子部品・デバイス	半導体等電子部品
第3位	衣類	船舶	汎用鋼材	電子部品・デバイス	事務用機器	鉄鋼
第4位	汎用鋼板	自動車	管・管用継手	映像機器	科学光学機器	自動車の部分品
第5位	ラジオ受信機	合成繊維織物	船舶	科学光学機器	自動車部品	原動機
第6位	スフ織物	管・管用継手	科学光学機器	自動車部品	原動機	有機化合物
第7位	缶詰・瓶詰魚介類	科学光学機器	織物類	原動機	電気回路	プラスチック
第8位	自動車	織物用糸	二輪自動車・同部品	汎用鋼材	映像機器	科学光学機器
第9位	玩具・遊戯用具	二輪自動車・同部品	原動機	音響機器	有機化合物	電気回路などの機器
第10位	陶磁器	有機化合物	電子管等	通信機	船舶	電算機類などの部分品

出所）表1-2, 表1-3とも大蔵省・財務省「貿易統計」各年版

日本の貿易構造の変化を見ていきましょう。

　原材料を輸入し，繊維製品など軽工業品を輸出することが，1950年代から1960年代にかけての貿易の形態でした。軽工業品は資本よりも労働をより多く使う，労働集約財に分類されますが，低賃金を利用して生産し，輸出しました。現在の日本と異なり，当時の賃金は低かったのです。輸出品の例外は船舶でした。船舶は軽工業品ではありませんが，1955年の時点ですでに世界一の受注量になっていました。

　また，GATT（後にWTO）・IMFといった制度の構築がなされたのも，この時期でした。前者は，工業製品に輸入数量割当をなくして貿易の拡大を促進させました。後者は，金融面の安定を実現することで貿易の進展に貢献しました。

　貿易との関係はあまりなかったのですが，鉄鋼の高炉や石油プラントが1950年代，1960年代に続々と建設されました。それは輸出の原動力としてではなく，内需の拡大のために投資されました。しかし，貿易がまったく関係なかったわけではありません。外国からの安価な原材料の輸入ができたからこそ，1970年代以降の重工業化が可能になったといえます。

Coffee Break

2：IMFとは

　1946年に設立されました。為替レートの安定，赤字国への資金供与，資金取引の自由化を役割とし，本部はワシントンです。日本は1964年にIMF8条国（国際収支の赤字を理由にして為替取引を制限しない国）になり，先進国の仲間入りをしました。IMFは，アジア通貨危機の際には，タイ，韓国などに資金供与をしました。1971年に金とドルの交換が停止（ニクソンショック）され，ブレトンウッズ体制（IMF体制下の固定相場制）は崩壊，1973年の変動相場制への移行後は途上国への資金供与が中心になっています。そこで世界銀行やアジア開発銀行（ADB）との同質化が問題になりG8でも話し合いが行われるようになりました。融資原資は，各国の拠出

> 資金に依存しています。拠出割当額は，経済力に応じて決められています。現在，日本は米国に次いで世界第2位です。
> 　SDR (Special Drawing Rights) は，固定相場制の時代に国際収支の赤字国が多かったことから，流動性不足を解消させる目的で，1969年に創設された制度です。現在でも，この制度が利用されています。
> 　IMFに関し，コンディショナリティという言葉が聞かれます。これはIMFが金融支援を行う際に，さまざまな条件をつけることをいいます。
> 　2008年の金融危機以降，IMFの改革が議論されるようになりました。欧州はIMFに金融監督・規制の権限を与えるよう主張，IMFに代わる新機関を求める案まで浮上していました。同年のサミットでは抜本改革には踏み込まず，先進国の金融当局でつくる金融安定化フォーラムとIMFの連携強化で合意しました。
> 　米国のみが重要案件を否決できる拒否権をもつなど，同国主導とみなされてしまう運営の見直し意見も各国から出ています。新興国から発言権拡大を求める声は強いようです。

　1970年代に入ると自動車，家電（カラーTVなど），エレクトロニクス製品の輸出が目立つようになります。この原因には，労働力の不足に伴う賃金の上昇により資本集約財の生産が有利になったこと，政府も輸入制限などでそれに応えたことが考えられます。いわゆる，幼稚産業保護政策といわれるものです。この頃から，日本の集中豪雨的な輸出が指摘されるようになりました。良質，安価な製品の輸入は輸入国の消費者にはメリットとなることが多いものの，企業や労働者にとってはマイナスの影響を及ぼすことが多くあります。日本企業は外国，特に米国からの批判をかわすため，輸出自主規制，現地生産，ローカルコンテンツ（現地で部品を調達）などを実施しました。

　鉄鋼，造船，化学工業などの重工業も発展しました。ところが，1973年，1978年に2度起きた石油ショックは，原油やエネルギー価格の高騰により，マイナスの影響を及ぼしました。日本の輸出は，自動車，家電など，エネルギーをあまり消費しない組立型の産業が中心になっていきました。

　輸入には，大きな変化はありませんでした。表1-2からもそれが読み取ることができます。

Coffee Break

3：世界銀行（世銀）

　IMFと同時に設立されました。IMFがどちらかといえば短期的な金融支援を主な業務とするのに対して，長期の経済開発など金融支援を主な業務にしています。欧州復興を目的に設立されたIBRD（国際復興開発銀行）とIDA（国際開発協会，第二世銀）が狭義の世銀を構成しています。さらにIFC（国際金融公社）と多国間投資保証機関（MIGA），国際投資紛争解決センター（ICSID）とが独立組織として加えられ世銀グループを構成しています。

4：世界の中央銀行

　日本の中央銀行は，日本銀行（Bank of Japan）です。「にっぽんぎんこう」と読みます。1882年に設立されました。米国は連邦準備制度，ドイツはブンデスバンク，英国はイングランド銀行，フランスはフランス銀行，EUではECB（欧州中央銀行）がその役割を担っています。中央銀行の機能については，第13章を中心に説明します。

2　貿易構造の変化

　1980年代以降には，どのような動きが起こったのでしょうか。まず全般的な特徴を述べ，その後，輸入構造，輸出構造の最近までの変化を，順を追って説明します。

A．全般的な特徴

　全般的な特徴としては，規模が大きく拡大したことです。日本の貿易取引は，指数的に増加しました。なかでも，アジア地域との取引割合が増加しました。さらに，サービス貿易が増加しました。表1-4は，日本の貿易の相手国（地域）別シェアです。

表1-4 日本の貿易相手国（2007年）
(%)

	輸 出	輸 入
米国	20.9	12.7
西欧	14.8	11.1
アジア	48.3	42.5
その他	16.0	33.7

出所）財務省「貿易統計」

B．輸入構造の変化

　製品輸入が増加したこと，アジアの割合が増加したことがその特徴です。輸入の増加には，アジアへ進出した日本企業からの輸入も多分に含まれています。1985年のプラザ合意をきっかけに円高が進んだこと，それにより生産拠点の海外，特にアジアへの進出が進んだこと，さらに消費者の低価格指向が起こったことなどが要因です。アジア各国の賃金の低さも，企業の進出を促進した動機になりました。日本企業のアジア諸国を中心とした生産拠点の進出，移転は産業の空洞化という言葉を生みました。円高が起こると，海外進出が進む理由はわかりますか。わからない人は，Coffee Break 5 を読んでください。

Coffee Break

5：円高・円安と産業の空洞化

　円高とは円の価値が高くなること，円安とは円の価値が安くなることです。例えば，1ドル＝200円から1ドル＝100円になったとしましょう。円の価値は上がっています。なぜなら，同じ1ドルを手に入れるのに，200円支払うべきところ，100円でよいのです。海外旅行に行くときには円の強さを実感するとともにうれしくなるでしょう。もちろん，逆の動きは円安を意味します。さて現地で1ドル分の給与の支払いをしたり，資材の購入をしたりするとき，円高，円安のどちらがよいでしょうか。200円よりは100円のほうがよいでしょう。したがって，正解は円高です。この

ように，円高は海外への進出を加速させ，国内産業の空洞化を招きます。ちなみに，円高，すなわち通貨の増価（価値が増すこと）は英語で appreciation，減価（価値が減ること）は depreciation，外国為替市場は foreign exchange market，為替レートは exchange rate です。

問：わが国の製品輸入の地域別構成比を見ると，わが国企業の対外直接投資を通じた東アジアでの生産拡大等を背景とし，1991年以降東アジアのシェアは，アメリカ，EU 各々のシェアを上回っている→正解でしょうか否でしょうか。

(公務員試験改題)

答：正解です

C．輸出構造の変化

資本集約財の輸出が増加しました。資本集約財とは労働集約財に対する言葉で，具体的には，機械，電気機器，電子部品，輸送機器などをさします。日本では，自動車，電子部品，事務用機器などの輸出が増加しました。1970年代に開始された加工組立型の輸出が中心であることに変わりはないのですが，それに加えて，半導体などの先端技術産業の輸出が拡大しました。輸出先としては，アジアの割合が増加しました。その要因としては，アジアの経済発展・政治的安定，生産拠点の移転，高機能かつ低価格商品の開発などをあげることができます。

1980年代に入っても，集中的な輸出による外国との摩擦は絶えませんでした。自動車の輸出が急拡大し，これに反発する人々が米国の広場などで日本製品を燃やしたり壊したりする光景がよく報道されました。1980年代後半からは半導体の輸出が問題になりました。このように集中的な輸出が起こるのは，先にも述べたように，多数のメーカーがシェア争いをして，急成長をしているときに起こります。

以上のように種々問題はあるものの，日本をはじめ，多くの国で貿易はなく

表1-5 主要国の貿易依存度（2006年）
(%)

国　名	貿易依存度（輸出）	貿易依存度（輸入）
日本	14.9	13.3
韓国	36.7	34.8
中国	36.9	30.1
米国	7.8	14.5
カナダ	30.7	27.5
英国	17.9	22.9
イタリア	22.4	23.8
スペイン	17.4	26.6
ドイツ	38.8	31.7
フランス	21.7	23.9
ロシア	30.9	18.3
ユーロ圏	16.5	15.8

出所）総務省「世界の統計」

てはならないものになっています。それを表す指標として，貿易依存度というものがあります。多くの場合，輸出ないしは輸入の対GDP（国民総生産）比率で表されます。2006年の日本では，輸出依存度は14.9％，輸入依存度は13.3％です。米国はそれぞれ7.8％，14.5％，ユーロ圏ではそれぞれ16.5％，15.8％，お隣の韓国にいたっては，それぞれ36.7％，34.8％です。日本の値が他国と比べてやや低いと思った人もいるでしょう。一般に国が経済的に発展すると，貿易依存度は下がります。

いずれにせよ貿易のおかげで，私たちは生活をより豊かなものにしているのです。そのうえ，国内では入手できないような多様な消費をすることもできるのです。

問：わが国の貿易依存度は，円高の進展や製造業の海外進出により近年急速に高まっており，輸出入ともGDP比で約20％に達している
→正しいでしょうか否でしょうか。　　　　　　　（公務員試験改題）

答：まちがっています。

D．サービス貿易の拡大

サービス貿易とは，運輸，通信，旅行，金融・保険などをさします。日本は現在，サービス貿易について世界有数の赤字国です。その要因としては，海外旅行の増加，特許権の支払いの増加をあげることができます。海外旅行の増加には，円高が関係しています。海外旅行については，円高で旅行がしやすいので，日本からの旅行者が多いのに対し，日本への旅行者は，円高で自国通貨での支払いが増えるので，旅行が手控えられたり，日本での支出額が低くなったりします。サービス貿易の規模では，米国が輸出入とも最大です。日本では，2001年に同時多発テロの影響で海外旅行が減少しましたが，2002年には増加し，サービス貿易の赤字拡大の要因になっています。特許料の支払いは依然赤字ですが，その赤字幅は減少しています。

Coffee Break

6：先進国とOECD

OECD（経済協力開発機構：Organization for Economic Co-operation and Development）加盟国を先進国ととらえることがあります。現在，加盟国はアイスランド，アイルランド，米国，英国，イタリア，オーストラリア，オーストリア，オランダ，カナダ，韓国，ギリシャ，スイス，スウェーデン，スペイン，スロバキア，チェコ，デンマーク，ドイツ，トルコ，日本，ニュージーランド，ノルウェー，ハンガリー，フィンランド，フランス，ベルギー，ポーランド，ポルトガル，メキシコ，ルクセンブルクの30ヶ国です。本部はパリです。これに対して途上国とは非OECD加盟国をさすこともありますが，国際機関によっても扱いが異なります。ちなみに，日本はOECDに1964年に加盟しました。そして，1968年には，GNPでドイツを抜いて（旧西ドイツ）世界第2位になりました。

3　最新の貿易状況

　最近の貿易状況は，近年の動きを継続させているといってもよいでしょう。輸入は，部品などいわゆる中間財の増加がより顕著になりました。アジアについては，最終財の輸入が多いのですが，やはり中間財の輸入も増えています。輸出は，米国向けの自動車を除けば，やはり半導体など中間財が増加しています。その多くはアジア諸国向けです。

　2009年1月には，経常収支が13年ぶりに赤字になりました。世界的な景気悪化のため，自動車や薄型テレビなど日本製品の輸出が減少しています。原油など資源価格の低下で輸入金額も減っていますが，それ以上に輸出の不振が深刻な状況です。貿易収支は，2008年11月から3ヶ月連続して赤字となりました。それでも経常収支が赤字にならなかったのは，所得収支の黒字で補っていたためです。個人や企業，金融機関，国が海外の証券に投資し，受け取る配当や利子の額が大きかったのです。しかし，2008年秋以降，金融危機の影響で，所得黒字も減少傾向です。

さらに進んだ学習のために，ぜひ読んでください

伊藤元重『ゼミナール国際経済入門』日本経済新聞社，2005年
若杉隆平『国際経済学（第3版）』岩波書店，2009年
浦田秀次郎『国際経済学入門（第2版）』日経文庫，2009年

その他，『世界貿易の潮流』『経済財政白書』（いずれも内閣府）も利用してください。これらは公務員試験を受ける人には必携です。データなどに気をつけ隅々まで読んでください。

第2章

国際貿易の基礎理論

1 貿易はなぜ起こるか

　第1章では日本を巡る貿易環境について説明をしました。細かい話もいくらかしましたが，日本にとって貿易は不可欠であったこと，そして今後もそれに変わりがないことを，あらためて認識してください。

　表2-1は，日本の食料自給率の推移です。第1章を復習して見比べてください。

表2-1　品目別食料自給率目標

(%)

	1960(年)	1980	2006
米（上段）， うち主食用（下段）	102	107	94 100
小麦	39	9	13
大麦・はだか麦	104	14	7
いも類	100	96	80
豆類	44	8	7
野菜	100	97	79
果実（計）	100	86	39
みかん	111	116	94
りんご	102	99	56
牛乳・乳製品	89	83	66
肉類（計）	93	80	56
牛肉	96	69	43
豚肉	96	90	52
鶏肉	100	94	69
鶏卵	101	98	95
砂糖	12	24	32
魚介類（上段）， うち食用（下段）	108 111	93 92	52 59
海藻類	92	74	67
きのこ類		108	81

出所）農林水産省

われわれの食生活が，大きく輸入に依存していることがわかります。

「それらを日本で作ればよいだろう…」と考える人がいるかもしれません。たしかに，そのとおりです。現在の科学技術をもってすれば，不可能ではないでしょう。例えば（表には出ていませんが），かぼちゃの多くはトンガ王国から輸入されています。同国と同じような気候，環境をつくれば，それは不可能なことではありません。では，なぜそれをしないのでしょうか。

理由は，意外と簡単です。各国の生産には，得意・不得意があるからです。不得意なものを国内で高い費用をかけて生産するのと，海外から安い価格で輸入するのとどちらがよいでしょうか。後者のほうがよいのは明らかでしょう。そうすると，輸入国では人や資源が余ります。得意なものを，国内で安い費用で生産するのと，海外から高い費用で輸入するのとどちらがよいでしょうか。むろん，前者です。そこに，余った人や資源を投入すれば，効率のよい生産ができるのです。

これが理想的な貿易のメカニズムです。貿易により，われわれの生活は，よりよく，多様なものになるのです。ただ，豊かになるということについては，今一つ理解できない人もいるかと思います。それについては，次の2でさらに詳しく説明をしましょう。

では，なぜ得意・不得意が発生するのでしょうか。その理由としては，以下の3つが考えられます。

　1）技術力の差
　2）生産要素賦存率の差
　3）気候風土，地質条件

1）については，2で詳しく，2）については3で簡単に説明します。以下，理論的な話が多く，少しむずかしくなりますが，非常に重要なところです。しっかり学習してください。

2　リカードー（Ricardo）の比較優位説

少し違和感をもつかもしれませんが，我慢して読んでください。夫と妻，2

人の家庭を考えます。そして，外での仕事と家庭内での仕事，双方を必ずこなさなければならないとしましょう。そのとき，どのような形態をとるべきでしょうか。夫，妻とも，外で働き，家庭の仕事も折半する…若い人はそのような姿を考えるでしょうか。正解は，生産性が高い分野に特化することが，経済学的にはよいのです。例えば，妻が外での仕事で生産性が高く（給料が高いと考えてもよい），夫は低いとします。家庭内の仕事では，妻は生産性が低く，夫は高いとしましょう。そのとき，妻，夫ともに，外で働き家庭内の仕事もするのは，経済学的には望ましくないのです。この場合，妻は外での仕事に特化し（家庭内の仕事は一切しない），夫は家庭内の仕事に特化する（外での仕事は一切しない）ことが望ましいのです。

もう一例，しばしば引用される例を出しましょう。アインシュタインと弟子の2人を考えます。そして，独創的な仕事と単調な仕事の2つをこなさなければならないと仮定します。アインシュタインは，独創的な仕事は得意ですが，単調な仕事は得意でないとします。ただ，単調な仕事においても弟子より少し優れているとしましょう。弟子は，独創的な仕事，単調な仕事のいずれにおいてもアインシュタインに劣っていますが，単調な仕事において劣っている度合いは，独創的な仕事ほどではないとしましょう。このとき，アインシュタイン，弟子それぞれが独創的な仕事も単調な仕事もするのは，効率よくありません。アインシュタインは独創的な仕事のみ行い，弟子は単調な仕事のみを行うことが，経済学的には好ましいのです。

さあ，貿易についての具体例に入りましょう。A国，B国の2ヶ国を考えます。そして衣料と食料の2種類の財を生産しているとします。両国の各財の生産量は労働量（人数）により決定されるとします。常識的には個人により生産能力に差があるのは当然でしょうが，それは考えません。各人が同等の能力を保有していると仮定します。

以下は，衣料と食料1単位の生産に必要な労働量とします。

表2-2　衣料と食料の生産に必要な労働量

	衣料1枚に必要な労働量	食料1個に必要な労働量
A国	5人	10人
B国	4人	2人

このときB国はA国に対し、衣料、食料のいずれにおいても「絶対優位」をもつといいます。言葉はむずかしいですが、意味は簡単です。B国は、1単位の生産に必要な労働投入量が少ないのです。反対にA国は、いずれの財の生産にも絶対劣位をもちます。

この場合、絶対優位をもつ製品のほうが輸出しやすいので、B国から、衣料、食料ともにA国に輸出され、A国からはまったく輸出は行われないでしょう。この状況は短期的にはともかく、長期的には続くとは思われず、したがって貿易は成り立ちません。

しかし、リカードーは、重要な視点を提起したのです。以下の考え方は、今でも国際貿易の理論として、頻繁に引用されています。

さて、衣料を基準にして、食料何個と価値が同じか考えてみましょう。つまり、衣料1枚をつくるのをやめたら、食料が何個できるか考えるのです。表2-3aで確認してください。

表2-3a　衣料を基準

	衣　料	食　料
A国	1枚	0.5個
B国	1枚	2個

表2-3aの場合、衣料と比べて食料の生産において、B国はA国に対して比較的に効率が高く、比較優位があると表現します。

同じく、今度は食料を基準にして、食料1個をつくるのをやめたら、衣料が何枚できるかを確認しましょう。表2-3bを見てください。

第 2 章 国際貿易の基礎理論

表 2-3b 食料を基準

	衣　料	食　料
A国	2 枚	1 個
B国	0.5 枚	1 個

　表 2-3b により，食料と比べて衣料の生産において，A 国には比較優位があることがわかります。

　このとき，A 国は衣料，B 国は食料に特化し，輸出することによって貿易が成立します。つまり一国は，その国が生産において，他国の商品に比較して安い商品（比較優位をもつ）を輸出し，比較優位をもたない商品を輸入することになります。これが比較優位の原理です。

　次に，貿易による利益を確認しましょう。表 2-4a は貿易前，2-4b は商品を特化して貿易をした後の状況を表しています。

表 2-4a　貿易前

A国（15人で）	衣料 1 枚	食料 1 個
B国（6人で）	衣料 1 枚	食料 1 個
計	衣料 2 枚	食料 2 個

表 2-4b　特化して貿易

A国（15人で）	衣料 3 枚	食料 0 個
B国（6人で）	衣料 0 枚	食料 3 個
計	衣料 3 枚	食料 3 個

　このように，私たちの生活を豊かにするのが貿易なのです。

> **問**：表は，A 国と B 国において農作物と工業製品を 1 単位生産するのに必要な労働力の単位数をそれぞれ示したものです。「比較優位の原理」

に従うとき，貿易はどのように行われるでしょうか。

	農産物	工業製品
A国	10人	8人
B国	5人	6人

(公務員試験改題)

答：工業製品はA国，農産物はB国で生産して貿易が行われます。

農産物を基準にして考えます。

	農産物	工業製品
A国	1個	10/8個
B国	1個	5/6個

工業製品はA国に比較優位があります。

次に工業製品を基準に考えます。

	農産物	工業製品
A国	8/10個	1個
B国	6/5個	1個

農産物はB国に比較優位があります。
工業製品はA国，農産物はB国で生産して，貿易することにメリットがあります。

3　ヘクシャー＝オリーンの理論

　比較優位の決定要因として，リカードーは技術力（生産効率）の差をあげました。これに対して，ヘクシャーとオリーンは労働量，資本，土地の量などに関する生産要素間の比率（生産要素賦存率）の差をあげました。

　資本が豊富な国は，資本集約財の生産比率が高くなります。すると資本集約財の相対価格が低くなり，資本集約財に比較優位をもつことになります。労働が豊富な国は労働資本集約財の生産比率が高くなります。すると労働集約財の

相対価格が低くなり，労働集約財に比較優位をもつことになります。

Coffee Break

7：リカードー，ヘクシャー，オリーン

　リカードー（1772-1823）は英国の経済学者です。比較生産費説以外にも，限界収益逓減の法則など，今でも重要な経済理論を提起しました。後に下院議員として政界入りしました。ヘクシャー（1879-1952）とオリーン（1899-1979）は，スウェーデンの経済学者です。経済理論や経済史の分野でも多大な功績を残しました。ヘクシャーの教え子がオリーンです。この本で説明したリカードーとヘクシャーの理論は，国際経済学の本でしたら，まずふれているでしょう。この理論は後になって米国の経済学者，サミュエルソンによって数学的に証明されましたので，ヘクシャー＝オリーン＝サミュエルソンモデルと紹介されることも多いです。

問：ある国で，その国に存在する資本と労働力から x 財と y 財が生産されています。生産関数は $X=K_x^{1/3} \cdot L_x^{2/3}$，$Y=K_y^{1/2} \cdot L_y^{1/2}$ で示されるとします。ただし，X：X 財の生産量，Y：Y 財の生産量，L：各財への労働投入量，K：各財への資本投入量とします。さらに X 財と Y 財の価格がそれぞれ 3 と 4 であるとき，賃金率と資本賃貸率はいくらでしょう。

（公務員試験改題）

答：賃金率は 1，資本賃貸率は 4 になります。

簡単な公式を使います。（付録 数学公式 1 を参照）労働，資本にはそれぞれ利用可能な量的な制約があります。最大限利用できる労働を L_m，資本を K_m とすると，$K_m=K_x+K_y$，$L_m=L_x+L_y$ となります。それぞれの財の利益は，ProfitX（X の利益）＝ $P_xX-rK_x-wL_x=P_x K_x^{1/3} \cdot L_x^{2/3}-rK_x-wL_x$，ProfitY（Y の利益）＝ $P_yY-rK_y-wL_y=P_y(K_m-K_x)^{1/2} \cdot (L_m-L_x)^{1/2}-r(K_m-K_x)-w(L_m-L_x)$ です。P は価格，w は賃金率，r は資本賃貸率，添字 x，y は x，y 財の値です。X，Y の利益の最大化条件は，それぞれを Lx

> と Kx で微分をし，0 とおくこと求められます。$\partial \text{ProfitX}/\partial \text{Lx} = (2\text{PxKx}^{1/3} \cdot \text{Lx}^{-1/3})/3 - w = 0$，$\partial \text{ProfitX}/\partial \text{Kx} = (\text{PxKx}^{-2/3} \cdot \text{Lx}^{2/3})/3 - r = 0$，$\partial \text{ProfitY}/\partial \text{Ly} = -(\text{PyKy}^{1/2} \cdot \text{Ly}^{-1/2})/2 + w = 0$，$\partial \text{ProfitY}/\partial \text{Kx} = -(\text{PyKy}^{-1/2} \cdot \text{Ly}^{1/2})/2 + r = 0$。上式に，$\text{Px} = 3$，$\text{Py} = 4$ を代入すると，$w^2 r = 4$，$wr = 4$ になります。ゆえに，$w = 1$，$r = 4$ が正解。

4　要素価格の国際間均等化

　次の5節では，貿易のメリットを図解により示すことになりますが，その前に要素価格の国際間均等化について説明しましょう。

　さきほど，2節で用いた例を発展させましょう。A国は衣料に比較優位，B国は食料に比較優位がありました。すると，A国は衣料を輸出，B国は食料を輸出します。その場合，価格に変化はないのでしょうか。

　そのようなことはありません。まず，A国のケースから説明をしましょう。A国では，衣料の在庫が減少し，価格が上昇します。衣料は労働集約財ですから，賃金が上昇します。一方，食料は比較劣位の存在により輸入をしましたが，それにより価格は下落するのです。食料は資本集約財ですので，資本の価格が下落します。

　B国のケースも同様です。食料に比較優位があり輸出をしますが，それにより価格は上昇します。衣料については比較劣位があり輸入をしますが，価格が下落します。つまり，貿易を行うことで，各国間の要素価格，すなわち賃金や資本の価格が縮まっていくのです。

　結果として，要素価格は均等化されることになります。これが要素価格の均等化（定理）と呼ばれるものです。この要素価格の均等化は，世界の生産効率化の点からも，重要な意味をもつことになります。要素価格の均等化によって，生産要素が国際間の移動をしなくても，自由貿易によって要素の最適な配分が実現することになります。ゆえに，この要素価格の国際間均等化は，自由貿易の強い根拠として支持されています。

5　貿易の三角形

さて，4節での議論を用いて，貿易のメリットを説明しましょう。

その前に，ミクロ経済学の復習をしなければなりません。生産可能性曲線，無差別曲線，予算制約線をこれから使います。忘れてしまった人は，ミクロ経済学の本をもう一度確認してください。以下，簡単に説明します。また，練習問題も利用してください。

・生産可能性曲線

利用可能な生産要素（リカードーの理論では労働のみを考えました）を最も効率的に使用した場合に，生産可能な財（この場合，食料と衣料）の組み合わせを示す点の軌跡です。例えば，表2-2のB国で投入可能な労働の総量を100万人とした場合，図2-1のようになります。A点では食料10万個，衣料20万個で労働の合計は100万人です。B点でも食料40万個，衣料5万個で労働の合計は100万人です。線上のどの点でも，同じ生産要素の投入下での財の組み合わせの可能性を示しています。

曲線が右下がりになる理由は，片方の財の生産を増加させれば，片方を減らさなければならないからです。なぜなら，投入できる生産要素は限られている（等しい）からです。

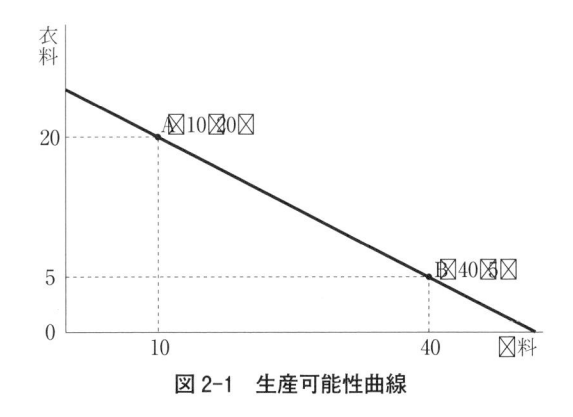

図2-1　生産可能性曲線

> 問：表2-2の場合，食料の生産量をx，衣料の生産量をy，労働の総量をLとした場合，B国の生産可能性曲線の方程式を求めてください。
>
> (公務員試験改題)
>
> 答：$2x+4y=L$

　実際の生産可能性曲線は，一般に原点に対して凹になります。図2-2を用いてその理由を説明しましょう。

　これには，労働以外の生産要素の影響を考えればよいのです。衣料は労働集約財，食料は資本集約財です。A点では，食料の生産を犠牲にして衣料の生産を増やそうとすると，すでに多くの労働資源，つまり労働者を投入していますので，これ以上増やそうとしても良質な労働者が集まらないとか，余分の費用がかかります。したがって，多くの増加は見込めません。同じくB点では，食料の生産を犠牲にして衣料の生産を増加させる場合，労働資源の増加は容易で，衣料生産の多くの増加が見込めるのです。

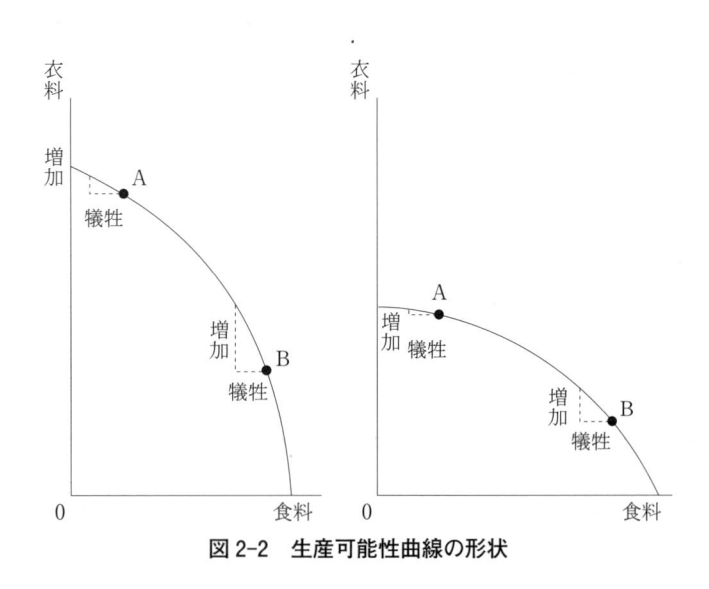

図2-2　生産可能性曲線の形状

また，図2-2の左側の図は，衣料に比較優位があるケース，右側は，食料に比較優位があるケースです。いずれかの財の生産を0にして（横軸あるいは縦軸），もう一方の財の生産量を確認（縦軸あるいは横軸）すればわかるでしょう。

次に，無差別曲線の復習をしましょう。

・無差別曲線

図2-3は，代表的な無差別曲線です。消費者に同一水準の満足度（効用）を与える商品（財）の組み合わせです。一般に，右下がりで，原点に対して凸，原点より遠いほど効用は大きく，両軸と交わらないといった特徴をもっています。商品の消費量が多いほど満足度（効用）は大きいと考えられますので，図2-3で，曲線 C_2 は C_1 より満足度が大きいことを示します。

無差別曲線の傾き（絶対値）を限界代替率といい，一方の商品の消費を一単位増加させた場合，同一水準の効用を保つ場合，犠牲にしなければならない他方の商品の消費を表します。つまり，一方の商品一単位の価値が，他方の商品何単位の価値に相当するかを示す数値です。ここで，一方の商品の消費が増えるほど，他方の商品で測った価値が下がるというのが，限界代替率低減の法則です。

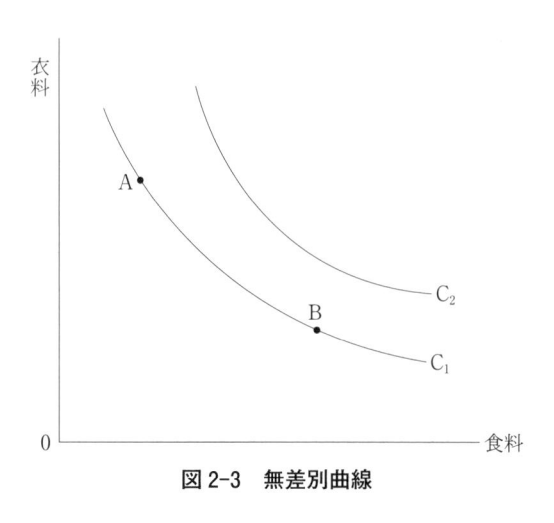

図 2-3　無差別曲線

図2-3では，同一満足度を得る場合A点において，食料を犠牲にした場合，補うべき衣料の量は大きく，B点においては，食料を犠牲にした場合，補うべき衣料の量は小さいのです。以下に出てくる練習問題にチャレンジしてください。

> 問：無差別曲線に関する記述のうち，妥当なものはどれでしょうか。
>
> 1 無差別曲線が原点から遠くなるほど，効用水準は大きくなる。
> 2 無差別曲線が原点から遠くなるほど，効用水準は小さくなる。
> 3 無差別曲線が原点から遠くなるほど，効用水準は変わらない。
> 4 無差別曲線が原点から遠くなるほど，効用水準は逓減する。
> 5 無差別曲線が原点から遠くなるほど，効用水準は逓増する。
>
> (公務員試験改題)
>
> 答：1が正解です。

・予算制約線

一定の予算制約を表す線です。各財の数量を縦軸，横軸にとると，図2-4のように右下がりの直線になります。消費者が決定できる商品の組み合わせは予算制約線と両軸で囲まれた三角形の範囲です。予算制約線の傾きは両商品の価格比になります。練習問題で確認してください。

貿易が行われていない場合，三者の関係は，図2-5で表されます。消費者は予算の制約と商品価格の条件下で最大の満足度が得られるように行動します。すなわち原点より最も遠い無差別曲線に予算制約線が接する点Cを選びます。ここでは限界代替率，すなわち食料を犠牲にして補うのに必要な衣料の量が，価格比と等しくなっています。

2節の例に戻って，貿易のある場合を考えましょう。むずかしくはありません。図2-5のなかの直線，曲線の意味をしっかりと追ってください。

A国は衣料に比較優位，B国は食料に比較優位がありました。図2-6aと図

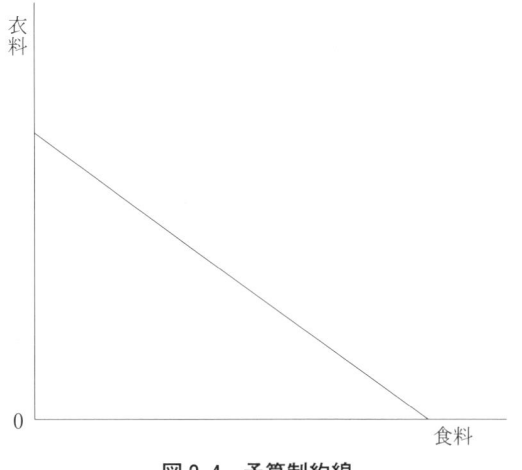

図 2-4　予算制約線

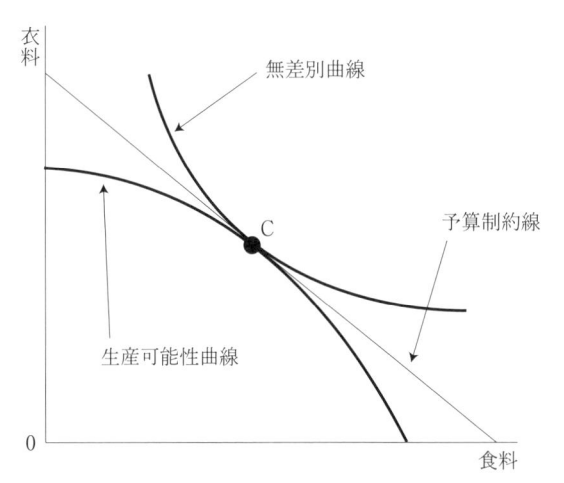

図 2-5　生産可能性曲線，無差別曲線と予算制約線

2-6b を見てください。貿易によって，A 国の衣料の価格は上昇，食料の価格は下落して，予算制約線は傾きが緩やかになり，B 国のものと共通になります。同様に B 国の衣料の価格は下落，食料の価格は上昇して，予算制約線は傾きが急になり，A 国と共通になります。

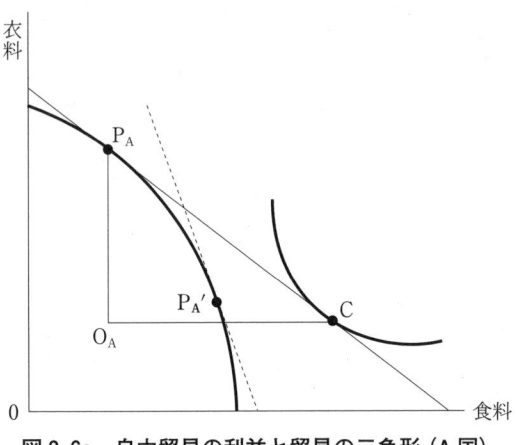

図 2-6a　自由貿易の利益と貿易の三角形（A 国）

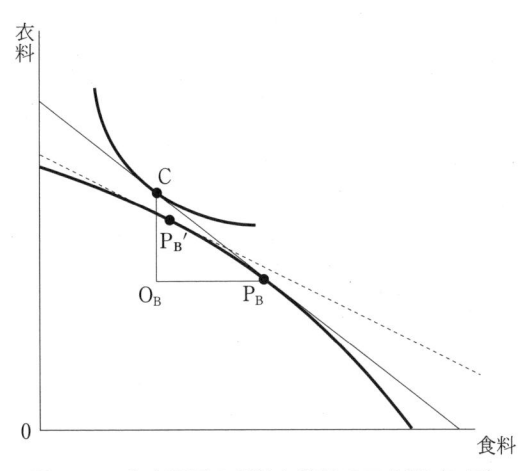

図 2-6b　自由貿易の利益と貿易の三角形（B 国）

　話は，いよいよ佳境です。A 国の生産点は，P_A' から P_A へ移動します。同じく消費点は P_A' から C へ移動します。すると $P_A O_A$（衣料）を輸出し，$O_A C$（食料）を輸入します。$P_A O_A C$ は貿易の三角形と呼ばれます。

　B 国は生産点が P_B' から P_B へ，消費点は P_B' から C へ移動します。すると $P_B O_B$（食料）を輸出，$O_B C$（衣料）を輸入します。貿易の三角形は $P_B O_B C$ です。

結果として無差別曲線は，A国，B国とも原点より遠くなりますから，効用が増すのです。貿易は，生活を豊かにすることが確認されました。

> 問：右下がりで原点に凸な無差別曲線について，妥当なものはどれでしょうか。
>
> 1　原点に近いほど効用は高まる。
> 2　右下がりなのは限界効用逓減の法則に従うからである。
> 3　予算制約線との接点においては，限界代替率と予算制約線の傾きは等しい。
> 4　2財の組合わせには，補完財の関係がある。
> 5　効用を高めると傾きが変わり，交わる。
>
> （公務員試験改題）
>
> 答：3が正解です。

次の問題は，少し難しいものも含まれています。

> 問：ある小国の社会的厚生関数と生産可能性が，$u(x, y) = xy$，$x^2 + y^2 \leq 1000$ で与えられているとします。x財の国際価格は1，y財の国際価格は3とします。この国は社会的厚生関数を最大化しようとするとき，自由貿易均衡における生産量，消費量はそれぞれどうなるでしょうか。
>
> （公務員試験改題）
>
> 答：生涯は $x = 10$，$y = 30$，
> 　　消費は $x = 50$，$y = 50/3$
>
> この国の生産可能性のもとで，生産額を最大にするには，ラグランジュ関数 $L = x + 3y + \lambda(1000 - x^2 - y^2)$ より $\partial L/\partial x = 1 - 2\lambda x = 0$，$\partial L/\partial y = 3 - 2\lambda y = 0$ を満たさなければなりません。L

式の右辺第1・2項は，それぞれ価格×数量を示しています。これより $y=3x$ になります。これを生産可能性を表す条件に代入して，$x=10$，$y=30$ を得ます。したがってこの国の所得は，$x+3y=1\times10+3\times30=100$ になります。よってこの国の予算制約線は $x+3y=100$ となります。社会的厚生を最大化するには，ラグランジュ関数 $L=xy+\lambda(100-x-3y)$ より，$\partial L/\partial x=y-\lambda=0$，$\partial L/\partial y=x-3\lambda=0$ を満たさなければなりません。これより $x=3y$ になります。予算制約式に代入して，$x=50$，$y=50/3$ を得ます（付録の数学公式3を参照）。

問：みかんの価格が10円，りんごの価格が20円，予算が200円ある。みかんの個数を x，りんごの個数を y とするとき，予算制約式を示してください。

(公務員試験改題)

正解：$x+2y=20$ （$10x+20y=200$）

問：効用関数 u が $u=u(x,y)=x\cdot y$ で与えられているとします。また x 財の価格は10，y 財の価格は20，所得は300です。このときこの消費者が効用最大化を求めるとすれば，それぞれの消費量はどれだけでしょうか。

(公務員試験改題)

答：x 財は15，y 財は7.5

$10x+20y=300$ より $x=30-2y$。ゆえに $u=xy=(30-2y)y=30y-2y^2$。$du/dy=30-4y=0$ を解いて，$y=7.5$　$x=15$。
注：$x/y=2$ は限界代替率で価格費に等しくなっています。

次に，オッファー曲線について紹介しましょう。図2-7左の貿易の三角形で，C点とC′点を比べます。価格比が α のとき，貿易の三角形はABC，β のとき，貿易の三角形はA′B′C′ です。それを書き写したのがオッファー曲線であると考えてよいでしょう。オッファー曲線の OC_1 と OF_1 はABとBCに対応します。OC_2 と OF_2 はA′B′とB′C′に対応します。これは国際貿易，なかでも交易条件（輸出財の価格／輸入財の価格）の分析などに有用です。

図2-7 オッファー曲線の導出

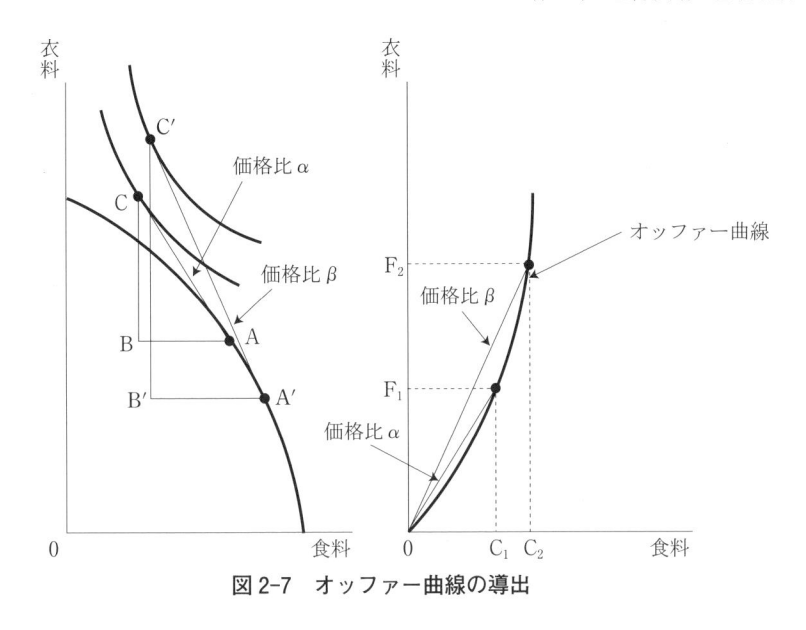

6 国際貿易に関するそのほかの代表的な理論

　国際貿易のそのほかの代表的な理論として，リプチンスキーの定理，ストルパー・サミュエルソンの定理，そして最後にレオンティエフの逆説について説明します。

A．リプチンスキーの定理

　X財，Y財の2財を考えます。労働存在量はL，資本存在量はKとします。労働投入係数（1単位の生産に必要な労働者数）をX財についてはX_L，Y財についてはY_L，資本投入係数についてはX財についてはX_K，Y財についてはYKとします。なお，X財は資本集約財，Y財は労働集約財とします。

　以上の内容をまとめると，次の表2-5になります。

　ここで，以下の資源制約式が成立します。それらを書き換えたのが矢印以下の式になります。

　　$X_L X + Y_L Y \leq L$　①

表 2-5　リプチンスキーの定理の例

	労　働	資　本
X 財	X_L（小）	X_K（大）
Y 財	Y_L（大）	Y_K（小）

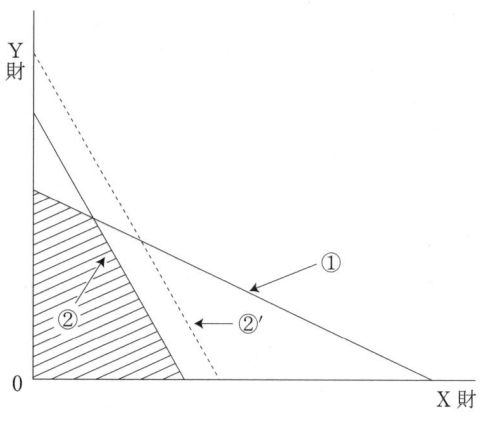

図 2-8　リプチンスキーの定理

$\Rightarrow Y \leqq -(X_L/Y_L)X + L/Y_L$

$X_K X + Y_K Y \leqq K$　②

$\Rightarrow Y \leqq -(X_K/Y_K)X + K/Y_K$

　表2-5より，①式の傾きは緩やかで，②式のそれは急であることが確認できます。そして，2つの資源制約式を同時に満たすのは，図2-8の枠内です。生産可能性曲線は，その外側の境界線になります。

　ここで，資本の量Kが増加すると，式②は②′にシフトします。傾きは変わりませんが，両座標軸との切片が増加します。すると資本集約的なX財の生産が増え，労働集約的なY財の生産量が減少するのです。

　まとめましょう。価格比が一定ならば，要素（労働・資本など）の存在量が増加すると，その要素を集約的に使用する財の生産が増え，他の財の生産は減ります。

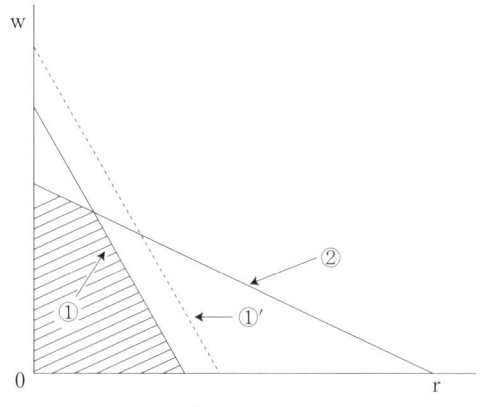

図 2-9　ストルパー・サミュエルソンの定理

B．ストルパー・サミュエルソンの定理

一人当たりの賃金を w，資本財一単位の価格（資本レンタル）を r，X 財の価格を P_X，Y 財の価格を P_Y とします。X 財は資本集約財，Y 財は労働集約財とします。すると以下の式が成立します。⇒は以下の図示の際に，利用しやすくするために記載しました。

$P_X \geqq wX_L + rX_K$　①

　　⇒$w \leqq -(X_K/X_L)r + P_X/X_L$

$P_Y \geqq wY_L + rY_K$　②

　　⇒$w \leqq -(Y_K/Y_L)r + P_Y/Y_L$

ここで資本集約財 X の価格 Px が上昇したとします。すると図2-9で①は①'に上昇します。傾きは変化なく，両軸との切片が上昇します。すると資本（レンタル）価格は上昇し，賃金は下落します。

このように，ある財（この例では資本集約財）の相対価格の上昇は，その財の生産に集約的に使用される要素の価格（この例では資本）を上昇させ，他の要素価格（賃金）を下落させます。

C．レオンティエフの逆説など

レオンティエフという研究者は，ヘクシャーとオリーンの定理が不成立にな

る条件を示し、センセーションを起こしました。これはヘクシャーとオリーンの定理が現実的な妥当性があるかどうかを検証したものです。なかでも、資本豊富国の米国が労働集約財をなぜ輸出するのか、それを現実的に検証することから始まりました。それは他の研究者に引き継がれ、ヘクシャー＝オリーンの定理が成立しない理由があげられています。代表的なものは以下のとおりです。

1）需要の偏向

例えば資本が豊富であっても、資本に強い選好を示す国であれば、資本レンタル価格を高くするでしょう。

2）生産要素（労働、資本、土地）の異質性

労働者の能力、技術力の差、土地の相違などです。

3）要素集約度の逆転

要素価格の変化によって、他の要素に代替されることが考えられます。

けれども、これら1）～3）などによって、ヘクシャーとオリーンの貢献が全面的に否定されたわけではなく、現在でも国際経済学では欠かすことのできない学説になっています。

問：貿易に関する学説として、誤っているものは、次のうちのどれでしょうか。

1　ヘクシャー＝オリーンの分業定理とは、貿易パターンの説明原理で、各国は賦存量が比較的豊富な生産要素を集約的に使用する財に偏った生産を行い、その財を輸出する傾向があるという原理である。

2　ストルパー・サミュエルソンの定理とは、要素価格とその生産要素を集約的に用いて生産される財の価格の関係を示したもので、ある財の相対価格が上昇すると、不完全特化の国では、その財の生産に集中的に使用されている生産要素の価格は上昇し、他の要素価格は低下するという定理である。

3 要素価格均等化定理とは，貿易が国々の生産を不完全にしか特化させない場合には，要素価格は国際的に完全に等しくなり，完全特化の場合でも，均等化の方向に変化するという定理である。
4 リプチンスキーの定理とは，財の価格が一定に保たれるなら，不完全特化の状態にある国において，ある要素の賦存量が増大すると，その要素を集約的に使用する財の生産量が増大し，他の財の生産量は減少するという定理である。
5 比較生産費説とは，2国間の相互比較において，ある商品の生産コストを単純比較したとき，自国が他国より下回る場合には，その財に特化し生産物を輸出すべきであるという説である。

(公務員試験改題)

答：5です。

問：貿易理論に関する次の記述のうち，誤っているものは，次のうちのどれでしょうか。

1 リカードーの比較生産費説に従うと，2財について考えた場合，各国はそれぞれ比較優位を持つ財に完全特化するが，一国が他国に対して2財の生産費で絶対優位であってはならない。
2 ヘクシャー＝オリーンの定理によると，各国のある財の比較優位を決定する要因は，その財の生産量の大きさにある。
3 要素価格均等化定理に従えば，世界市場で財の価格が決まると，すべての国の要素価格は均等化する。
4 ストルパー・サミュエルソンの定理に従うと，ある財の相対価格の上昇は，その財の生産に集約的に投入される資源の相対価格を下落させる。

(公務員試験改題)

答：4です。上昇させます。

さらに進んだ学習のために，ぜひ読んでください

天野明弘『貿易論』筑摩書房，1986年
石井安憲・清野一治・秋葉弘哉・須田美矢子・和気洋子・セルゲイ＝ブラギンスキー『入門・国際経済学』有斐閣，1999年
石川城太・菊地徹・椋寛『国際経済をつかむ』有斐閣，2007年
伊藤元重『ゼミナール国際経済入門』日本経済新聞社，2005年
伊藤元重・大山道弘『国際貿易』岩波書店，1985年
浦田秀次郎『国際経済学入門（第2版）』日本経済新聞社，2009年
木村福成『国際経済学入門』日本評論社，2000年
栗原裕『経済学・宣言』学文社，2006年
小宮隆太郎・天野明弘『国際経済学』岩波書店，1972年
澤田康幸『基礎コース国際経済学』新世社，2004年
多和田眞『コアテキストミクロ経済学』新世社，2005年
多和田眞・近藤健児編『国際経済学』創成社，2002年
中北徹『国際経済学入門』筑摩書房，1996年
藪内繁己・柿元純男『基礎経済学』中央経済社，1993年
山澤逸平『国際経済学』東洋経済新報社，2001年
若杉隆平『国際経済学（第3版）』岩波書店，2009年

第3章

貿易取引のしくみ

1 貿易取引の概要

前章では，非常に理論的な色彩が濃い話が中心になりました。普段の生活で数式や図表に馴染んでいない人には，やや辟易する内容であったかもしれません。しかし，説明した内容は非常に現実的な色彩が強いものです。ある事象を正確に説明するためには，数式は時に有用な武器になります。決して高度な数学を使っていませんから，飛ばしてしまった人は時間をおいてもう一度チャレンジしてください。

練習問題の一部は当面飛ばしてもらってもかまいませんが，公務員試験を受ける人には必須です。一つひとつ丁寧に学習してください。

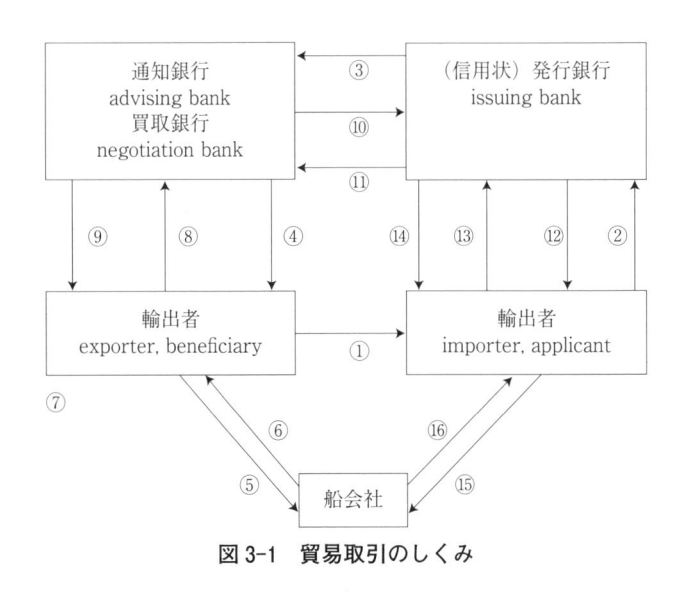

図 3-1　貿易取引のしくみ

この章の内容は，一転して非常に現実的な度合いが強いものです。われわれの日常生活にも深くかかわっている貿易取引について説明をしましょう。貿易取引の存在は日常生活と密接な関係がありながら，意外とベールに包まれているところが多いのでは，ないかと思います。興味があって調べてみても，信用状とか船積書類などといった聞き慣れない言葉が出てきて，理解を断念した人もいるかもしれません。ここでは，できるだけわかりやすく説明するつもりです。
　図3-1は，貿易取引の基本を図示したものです。
　図に示した各実務を時間順に並べると次のようになります。

① 契約
② 信用状（letter of credit：L/Cと略称）の発行依頼，その許可
③ 信用状の作成，送付
④ 信用状の到着通知，交付
⑤ 船積み
⑥ 船荷証券（bill of lading：B/Lと略称）の交付
⑦ 船積書類（shipping document）：船荷証券，保険証券，インボイスなどの用意
⑧ 信用状と船積書類を提示，買取りを依頼
⑨ 審査・代金
⑩ 信用状と船積書類を提示
⑪ 代金の支払い
⑫ 信用状と船積書類の到着通知
⑬ 代金の支払い
⑭ 船積書類の引渡し
⑮ 船荷証券の提示
⑯ 貨物の引き取り

　若干の補足をしましょう。

まず①の契約ですが、簡単にそれが交わされることはありません。お互いに取引や面識がない場合には、それなりの手順が必要です。商工会議所、取引銀行などへの照会、サンプルのやりとりなどがされたうえで、契約となります。トラブルの際の責任分担の確定、関税のみならず法的な調査も必要でしょう。

　②の信用状では、誰が誰を信用するのでしょうか。答えは、銀行が輸入者を信用することを保証するのです。わかりにくいかもしれませんが、もし輸入者が代金を支払わなかった場合に、信用状を発行した銀行がそれを代わりに支払うことを約束するものです。信用状発行銀行も、無条件でそれを発行はしません。過去の取引関係、経営状態などを勘案して信用状を発行します。場合によっては輸入業者の代わりに代金を払わされるのですから、調査は慎重に行います。

　③で信用状が輸出業者の国に到着します。④で通知銀行を通じて輸出業者に渡されます。もちろん信用状発行銀行と輸入業者、通知銀行（後に出てくる買取銀行）と輸出業者は同一の国に存在しています。輸出業者は、相手国の銀行の信用状というかたちでの保証があるからこそ物品の送付ができます。それが⑤です。

　⑥の船荷証券は、貨物の引換券と考えてください。輸送の途中で事故に遭うこともあるでしょうから、なんらかの保険に入ることが普通です。インボイスとは送り状のことで、貨物の内容、数量などが記載されます。船荷証券、保険証券、インボイスなどはあわせて船積書類と呼ばれます。

　これらの書類の準備ができたら、⑧で買取の依頼がされます。買取銀行は慎重に審査して、それを買い取ります。買取銀行と通知銀行は、同一主体であることが多いです。買取銀行と信用状発行銀行は、お互いに連絡をとることもあります。買取銀行は、やはり信用状発行銀行の保証があるからこそ、買取をします。そのあと輸出業者に代金の支払いがなされます。それが⑨です。この時点で輸出業者の役割はほぼ完了しています。

　次からは、銀行間の取引です。⑩⑪で、書類の提示と代金の支払いが行われます。これが完了すれば買取銀行の役割は完了です。

信用状発行銀行は，書類の到着を輸入業者に通知します。ここで万一，輸入業者が代金を支払わなければ船荷証券はもちろん引き渡さないですし，信用状発行の段階で担保などをとっていれば，それを留保します。そして輸入業者が支払いをし，書類の引渡しが行われます。これが⑫～⑭です。信用状は，発行銀行が処理します。これで，信用状発行銀行の役割も完了しました。

　あとは⑮⑯で，船荷証券の提示と貨物の引渡しが行われ，貨物が通関をとおれば貿易取引は完了です。輸出の通関手続きは輸出国側で，輸入の手続きは輸入国側で行われるのが普通です。通関にかかわる申請ではオンライン化が進んでいます。

　ここで鍵となるのは，銀行です。取引の第三者であり，かつ信用度が高い銀行が加わることで，見知らぬ者同士でも安心して取引が成り立ちます。銀行というと預金や貸出が頭に浮かぶでしょうが，貿易取引においても銀行は欠くことのできない存在になっています。

Coffee Break

8：信用状

　信用状の説明はすでにしましたが，貿易取引や信用状に英語はつきものです。以下，通常の信用状に書かれる主な英語を紹介しましょう。

APPLICANT'S NAME AND ADDRESS：発行依頼人の氏名・住所
BENEFICIARY'S NAME AND ADDRESS：受益者の氏名・住所
CREDIT AMOUNT：信用状の金額
EXPIRY DATE OF CREDIT：信用状の有効期限
LAST DATE FOR SHIPMENT：積出期限
MARINE INSURANCE：海上保険
PACKING LIST：包装明細書
CERTIFICATE OF ORIGIN：原産地証明書

　信用状には，取消可能信用状（revocable credit）と取消不能信用状（irrevocable credit) があります。前者では，発行銀行は，相手銀行に信用状の変更・取消しを行うことができます。輸出者にとってはリスクが高くなります。後者は，信用状の当事者すべての同意がないと変更や取消しはできません。

2 最新の貿易取引

以上の貿易取引では，コンピュータの利用により手続きが簡略化できるのではないか，さらに，あらかじめ決められたフォームをつくっておけば，迅速かつ正確に取引ができるのではないか，と思った方も多いでしょう。事実，そのような動きが出てきています。

新しい貿易取引の形態として，ボレロ (BOLERO: Bill of Lading for Europe) を紹介しましょう。ボレロというと，スペインの民族音楽や衣装を思い浮かべる人がいるかもしれませんが，ここではそうした意味ではありません。英語を見るとわかりますが，これはEUが行ったプロジェクトです。EUの説明はもうしばらく待ってください。このプロジェクトは契約の段階で，電子式譲渡可能船荷証券 (negotiable electronic B/L) の実用化などを目標にしています。それをもとに貿易関係書類の電子化をはかり，貿易業務の効率化をめざすものです。

日本でもTEDI (Trade Electronic Data Interexchange) というプロジェクトが，2001年より開始されています。

今後，貿易取引の電子化は進み，よりコスト削減とスピード化されるのは確実でしょう。それとともに，システムの主導権争いが起こることも確実です。

Coffee Break

9：決済システム

決済は対面方式で即時に行うことが基本ですが，それが困難であったり，

非効率的なことがあったりします。そのため，金融機関が仲介して，決済を集中的に行う決済システムがつくられています。

日本では，手形や小切手用の「手形交換システム」，内国為替用の「全国銀行データ通信システム（全銀システム）」，大口当座預金の決済用の「日銀ネット」，外国為替円取引用の「外国為替円決済システム」が代表的です。

決済が実行されないことで被るリスクを決済リスクといいます。その原因から，以下の5つに分類されます。

1）信用リスク：相手のデフォルト（債務不履行）や財務内容の悪化などで，債務の返済がされないリスク。うち，時差を伴う外為決済リスクはヘルシュタット・リスクと呼ばれます。
2）流動性リスク：システム参加者の資金不足のために，債務が履行されないリスク。
3）システミック・リスク：一金融機関の支払不能が，他金融機関に連鎖的におよび，決済システムや金融市場全般に影響がおよぶリスク。
4）オペレーショナル・リスク：事務ミスやコンピュータシステムのダウンなどが決済に支障をもたらすリスク。
5）リーガル（法的）リスク：法制度の不十分さや各国間の不一致に起因する信用リスクや流動性リスク。

多くの中央銀行では一定の時刻（時点）でまとめて決済する「時点ネット決済」を使っていましたが，上記の諸リスクを回避するため，短期金融市場での決済を取引ごとに全額の決済を行うRTGS（即時グロス決済：Real Time Gross Settlement）がスタートしました。日本銀行は2001年に導入をしています。

3　電子署名法

電子取引の普及とともに問題になってきたのは，そのリスクです。なかでも不正な使用は，個々人への損失にとどまらず，社会全体に大きな混乱を招く可能性があります。電子署名法は，電子商取引の普及，発展とも絡んで期待されつつ，2001年4月に導入されました。

電子署名法について簡単に述べると，一定の要件を満たした電子署名を利用することにより，電子データが民事訴訟法による印影や手書きの署名の場合と基本的に同じように取り扱われることになるものです。

まず、電子署名のメカニズムの概要を説明しましょう。電子署名の方法としては、現在、公開鍵を使うのが一般的です。公開鍵方式では一組の鍵を用い、一方を秘密にし（秘密鍵）、他方を公開（公開鍵）します。公開鍵は従来のID／パスワードの簡易的な認証方式に代わるものと考えてよいのです。署名者Aは秘密鍵を署名鍵として使用して、この鍵で電子文書を暗号化し、これを署名とします。暗号については、ハッシュ関数というものが多く用いられます。そして、受領者Bに署名入りの電子文書とともに、公開鍵が署名者のものだと保証する認証局発行の電子証明書を一緒に送ります。公開鍵はあらかじめ認証局に登録してあり、その正当な保有者から申請があった場合、証明書とともに即時に発行されます。受領者Bは、Aより配布された公開鍵を検証鍵として使用し、これを解読して署名を複合し、文書と照合して検証します。署名者だけしか知らない署名鍵に対応する検証鍵で文書が複製されたことで、検証鍵の所有者が署名したことが確認され、改竄のないことが検証されます。電子署名は署名より印鑑に似ており、認証業務は印鑑登録と同様に本人確認を行って公開鍵登録を行い、印鑑証明と同様に公開鍵証明を発行します。逆に、BはAの公開鍵で文書を暗号化してAに送ることができます。暗号化した文書は、Aの公開鍵でも解読できません。これを解読できるのは、Aの機密鍵だけです。したがって、Aは自分の公開鍵をネットで配布しても、文書が傍受され悪用される心配はありません。

　次に、電子署名法の正式名称は「電子署名及び認証業務に関する法律」です。この法律は、2000年5月の通常国会で成立しました。同法によるとその目的は「電子署名に関し、電磁的記録の真正な成立の推定、特定認証業務に関する認定の制度その他必要な事項を定めることにより、電子署名の円滑な利用の確保による情報の電磁的方式による流通及び情報処理の促進を図り、もって国民生活の向上及び国民経済の健全な発展活力ある経済社会の構築に寄与すること」です。つまり、電子署名に押印と同等の効力をもたせることにより電子商取引をより活発化し、結果として経済も活性化させることを目的としているのです。

　この法律はむろん日本に固有のものではありません。米国では、各州の州法

と 2000 年 6 月の連邦法で法制化，EU でも 2000 年 12 月に域内共通ルールを定めました。アジアも例外ではありません。マレーシアは 1998 年，韓国は 1999 年に電子署名法を成立させています（詳細は BIS のホームページを参照してください）。

Coffee Break

10：国際決済銀行（BIS）

　世界で最も古い国際金融機関です。ドイツの賠償金問題解決のために発行されたヤング債の実行機関として，1930 年に創設されました。出資者は英国，フランス，ドイツ，イタリア，ベルギー，日本でした。その後は賠償支払停止や世界的な協調体制の崩壊から，休眠状態に入り，ブレトンウッズ会議では清算の決議もなされました。しかし清算は実行されず，第二次世界大戦後，日本は 1951 年に出資に関するすべての権利を放棄しましたが，1970 年に出資をして再びメンバーになりました。現在は，中央銀行間の国際協力の要として世界経済に重要な役割を果たしています。特に，銀行の健全性の国際的な指標として採択した「自己資本比率に関する BIS 規制」は有名です。

さらに進んだ学習のために，ぜひ読んでください

石井安憲・清野一治・秋葉弘哉・須田美矢子・和気洋子・セルゲイ＝ブラギンスキー『入門・国際経済学』有斐閣，1999 年，第 1 章
伊藤元重『ゼミナール国際経済入門』日本経済新聞社，2005 年
＊貿易取引の実務に興味をもった人は，通関士の試験に挑戦してはどうでしょうか。

第 4 章

貿易政策

1 貿易政策とは

貿易政策という言葉は，よく見聞きします。おぼろげながらイメージができるでしょう。実は，貿易政策の明確な定義はありません。図4-1は，程度，頻度の差はあれ貿易政策と呼ばれるものです。

このうち税関で課されるものが貿易政策，あるいは貿易政策措置と呼ばれることが多いです。皆さんのなかには「輸出自主規制」という言葉が図にないと思う人がいるかもしれません。一時期この言葉は多用されました。これは輸出許可に分類されるのでしょうが，新規の手段であると考えてよいでしょう。しかも，禁止されることになりました。

1990年代中ごろに日米間で，自動車摩擦が再燃しました。日本からの輸出が増えて米国側の反発を呼んだのです。米国は，日本の高級車に100％の関税を一時的に課しました。このとき，日本のメーカーが自主的に輸出を規制し，米国側はそれを取り下げました。

輸入許可書は，もちろん品質，衛生，安全面などでの基準を満たしたもののみに交付されます。過去に数量制限というかたちで，輸入制限が課されたことがありました。これによって，商品の競争力とは関係が薄くなり，自由貿易から逸脱するケースが多々ありました。そこで現在では，輸入数量制限は原則と

表4-1 貿易政策

輸出国の生産者	生産補助金
輸出国の税関	輸出補助金，輸出関税，輸出許可
輸入国の税関	輸入補助金，輸入関税，輸入許可
輸入国の消費者	消費税

して禁止され,関税化することが認められています。

　こうした政策は,基本的に自国の権益を守るためです。古くは幼稚産業の保護,産業調整などの意図で行われてきましたが,現在では,そのような意図はなくなり,代わって環境保全などの政策が採られる時代が来ています。

　なお1990年代に入ってから,新しい貿易政策がとられるようになったと指摘する向きもあります。従来は市場開放や逆に市場の閉鎖的な政策をとる,いわばミクロ的な政策が中心で1990年代以降もそれは採用されています。すなわち,1993年から1995年にかけて,自動車・同部品,板ガラス,電気通信および医療機器の政府調達,保険などの分野に関して激しい交渉がなされた日米包括経済協議,その後の半導体,写真フィルム,航空サービスや日中間の貿易摩擦は,ミクロ的な分野に分類されるでしょう。けれども,マクロ的な政策,具体的には為替レートの調整や総需要の拡大などを求める動きが出てきたことに注目すべきです。第1章に述べた1985年のプラザ合意,あるいは1989年から1990年にかけての日米経済構造協議はその例でしょう。そこでは,貯蓄・投資パターン,流通機構,企業系列にまで議論が及んでいます。

2　余剰分析

　この節では,貿易政策を理論的に分析することにします。分析にあたっては,1つの財を対象にする部分均衡アプローチと,複数の財を扱う一般均衡アプローチがあります。ここではまず,部分均衡アプローチを扱うことにします。

　そのためには,余剰という概念の理解が必要になります。消費者余剰,生産者余剰という概念を覚えていますか。忘れてしまった人は,ミクロ経済学のテキストを紐解いてください。

　簡単に復習することにしましょう。

　図4-1で,ABは消費者余剰,BCは生産者余剰を表します。需要曲線上のA点は,支払い意志のある価格で,B点は現実の価格です。供給曲線上のC点は生産・販売意志のある価格,B点は現実の価格です。したがって,消費者余剰は三角形PMD,生産者余剰は三角形DMQの面積になります。

第4章　貿易政策

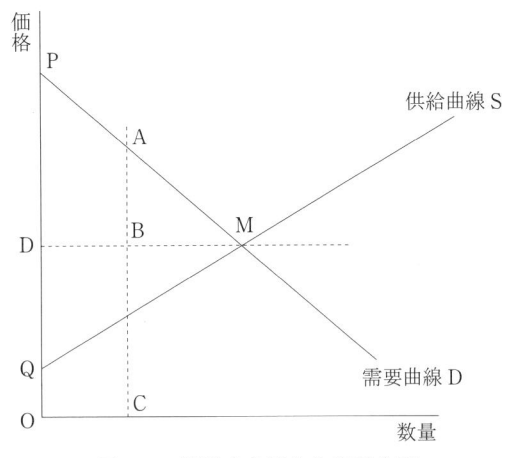

価格

P

A

D　　　B　　M

Q

O　　　C　　　　　　　　　　　数量

供給曲線 S

需要曲線 D

図 4-1　消費者余剰と生産者余剰

> **問**：需要曲線，供給曲線はともに直線で，価格が 4 のとき需要量は 12，供給量は 6 です。また価格が 10 のとき需要量は 6，供給量は 18 です。このとき，消費者余剰，生産者余剰はそれぞれいくつでしょうか。
>
> （公務員試験改題）
>
> **答**：図を書きましょう。図より消費者余剰は 50，生産者余剰は 25 になります。

3　貿易政策の理論的分析

ここから，また理論的な話になります。余剰という概念が理解できていれば，むずかしいことはありません。

以下，輸入関税，輸入数量制限，輸出補助金の 3 つのケースで説明しましょう。

(1) 輸入関税の効果

① 小国のケース

図4-2で，Dを需要曲線，Sを供給曲線とします。貿易のない場合，価格はDとSとの交点，P_0 で均衡します。

貿易のある場合，小国ですから，世界的な価格水準に自国の需要は影響を及ぼさないのです。この仮定は小国の仮定と呼ばれ，しばしば引用されます。この場合，商品は国際価格であるPの水準でいくらでも輸入できますから，国内価格はこの水準で決まっていると仮定します。なお，以下の分析は，完全競争を仮定しています。

国内需要はAC，国内生産量はAB，そして輸入はBCとなります。

ここで関税 t が賦課されたと仮定します。理論的な分析をする前に図を離れ，直感的に考えてください。価格は関税分上昇します。すると需要は減少し，供給は増加します。

図4-2に戻りましょう。価格はPからP′へ上昇します。ここでは図で，輸出と輸入のいずれが行われるようになるのかを考えるため，X（輸出：export）M（輸入：import）といった記号を用いません。すると国内需要はACからDFへ，国内生産量はABからDEへ，輸入はBCからEFになります。

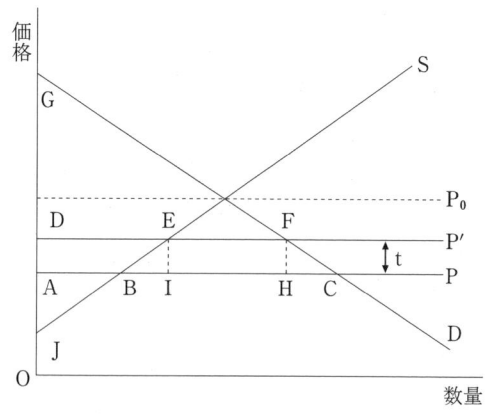

図4-2　輸入関税の効果

第4章 貿易政策

余剰はどうでしょうか。やはり図を離れて，直感的に考えますと，消費者は満足度が減少し，生産者は増加するでしょう。政府は，関税収入を得ることになります。

再び図に戻りましょう。消費者余剰は ACG から DFG に減少し，生産者余剰は ABJ から DEJ に増加します。政府は EFHI（関税 t ×数量 IH）の収入を得ることになります。

まとめると以下のようになります。

① 関税前
国内需要　AC　国内生産量　AB　輸入　BC
② 関税後
国内需要　DF　国内生産量　DE　輸入　EF
③ 余剰

	関税前	関税後	〈増減〉
消費者	ACG	DFG	減
生産者	ABJ	DEJ	増
政府	O	EFHI	増
全体	GCBJ	GFHIEJ	減　—（△EBI＋△FCH）

全体で見ると余剰が△EBI＋△FCH 分減少します。ゆえに一国全体では，余剰の減少が起こり，輸入関税は好ましくないこと，自由貿易が好ましいことがわかります。

問：ある財の国内の需要と供給が，それぞれ以下の式で示されています。
　　$d = 150 - 2p$　（d：需要量，p：価格，s：供給量）
　　$s = 2p$
　この財の海外市場における価格は10ですが，それに政府が50％の関税を賦課したとき，輸入量はいくらでしょうか。

> (公務員試験改題)
>
> **答:90**
>
> p=15 を代入すると,d=120,s=30。したがって,輸入量は 90 になります。

② 大国のケースの部分均衡

関税を課すことによって生産,消費に歪みが出て,課税国に経済的な厚生の悪化を招くことを学習しました。ところが A 国が大国である場合には,A 国が関税を課すことで B 国は輸出価格を引き下げると考えるのが一般的です。これは A 国の交易条件の改善につながります。図 4-3 で,A 国が輸入する製品(例えば衣料)の A,B 両国(B 国は右側)の需要・供給曲線がそれぞれ D,S として描かれています。関税が賦課されない場合は,A 国の希望する輸入量と B 国が希望する輸出量が等しくなる価格で均衡しています。これに,A 国が関税 t を賦課したとします。すると,A 国での価格が上がり需要が低下して,B 国からの輸出が減ります。B 国はこれをカバーしようとして,輸出価格の引下げを行います。その結果,A 国の輸入量と B 国の輸出量が等しくなるまで

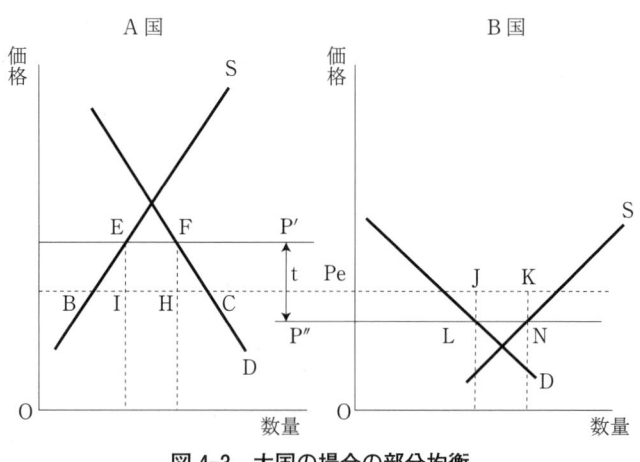

図 4-3 大国の場合の部分均衡

価格調整が行われ，A国の消費者価格P'，B国の輸出価格（A国の輸入価格）P″で均衡します。

新しい均衡によって，A国は消費者余剰の減少を余儀なくされますが，生産者余剰は増加，政府も関税収入が生まれます。図4-2の場合と同様，A国全体での余剰の損失は△EBI＋△FCHとなります。PeとP'との差はtより少ないので，図4-2の場合より余剰の損失は少なくなります。さらに，関税収入はt×輸入量ですから，政府収入はEFHI＋JKNLになります。すなわち，JKNLの分はA国民でなくB国民の負担になります。もしJKNLが△EBI＋△FCHより大きくなれば，A国は関税によって利益を得ることができます。

③ 一般均衡分析と最適関税

いままでは，1つの財（例えば衣料）のみを取り上げて関税の効果を分析しましたが，実際の経済事象は複雑で複数の産業によって構成されています。ここでは，2種の財の組合せにおける関税の影響について分析（一般均衡分析）します。

図2-3で説明した無差別曲線は，横軸，縦軸とも財の消費量で，消費無差別曲線と呼ばれます。この図における1つの無差別曲線を，横軸を自国からのある財Xの輸出量，縦軸を他財Yの輸入量とする図に書き写したものが貿易の無差別曲線です。

そのつくり方を図4-4に示します。原点より左の水平軸に輸出財の消費量，縦軸に輸入財の消費量をとり，消費の無差別曲線を描きます。貿易のない場合は，生産可能性曲線ABと消費無差別曲線U_0の接する点Cで均衡しています。貿易が行われ消費点が他の消費無差別曲線U_1上の点Rで均衡したとします。この場合，図形OABがR点でU_1に接するように水平および垂直に移動させます。RDは自国でのYの生産量，REは消費量ですから，DEはY財の輸入量です。RFはX財の生産量，RGはX財の消費量ですからGFはX財の輸出量になります。GFは縦軸より右にはみ出ますので，原点Oより右に水平軸を伸ばしX財の輸出量とすれば，O'の軌跡は消費無差別曲線U_1に対応する貿易の無差別曲線U_1'となります。同様，消費無差別曲線U_0'に対応する貿易の

図 4-4 一般均衡分析と最適関税

図 4-5 大国のオッファー曲線

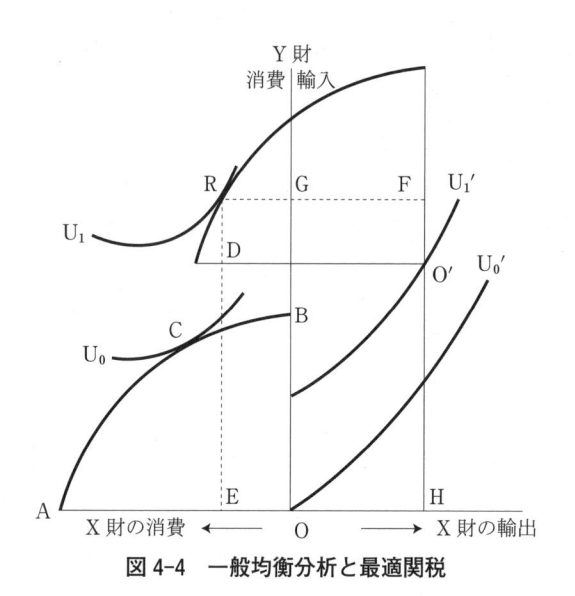

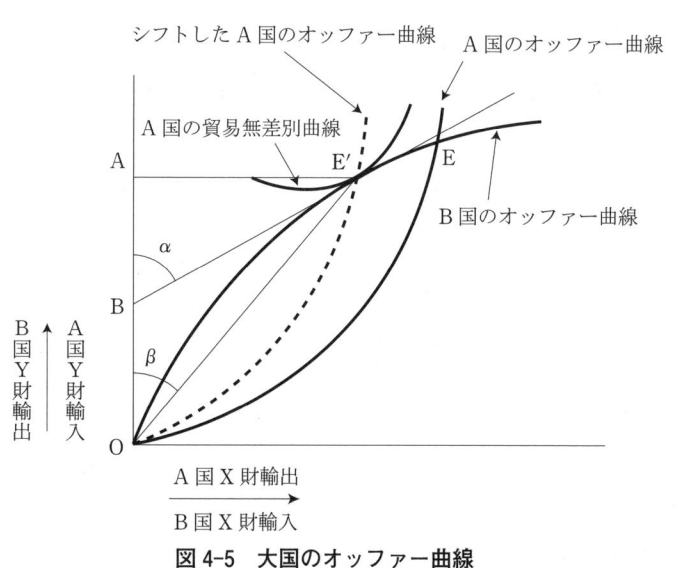

無差別曲線U_0'を原点 O をとおる貿易の無差別曲線として描くことができます。
図 4-5 で A 国と B 国のオッファー曲線が示されています。オッファー曲線

とは，図2-7で説明したように財の相対価格が与えられたときの輸出と輸入の組合せです。貿易はE点でなされます。E点でA国のX財の輸出とB国のX財の輸入が均衡します。A国がB国からのY財の輸入品に関税をかけると先に説明したように輸入が減少して，その結果輸出も減少するのでA国のオファー曲線は左にシフトし，点線のようになります。

A国にとっての最適関税率t^*は，B国のオファー曲線が与えられた場合，A国が手に入れる最高の効用を可能にする税率となります。B国のオファー曲線とA国の貿易無差別曲線の接するE′において，A国の効用は最大化されます。

このとき$\tan \alpha$がA国にとっての相対価格（Y財の価格／X財の価格）に等しく，$\tan \beta$がB国にとっての交易条件（Y財の輸出価格／X財の輸入価格）に等しいことを考慮すれば，$t^* = (\tan \alpha - \tan \beta)/\tan \beta = BO/AB = 1/(AB/BO)$です。ところがAB/BOはB国の輸出供給の価格弾力性に等しくなります。

弾力性という言葉は，日常使いませんね。むずかしくいうと，外生変数の変化率に対する内生変数の変化率の比のことです。具体的には価格（外生変数）がx％変化したとき，需要（内生変数）がy％変化したとします。y/xを供給の価格弾力性といいます。

外生変数，内生変数とは何でしょうか。経済学の分析には種々の変数を扱います。変数には，分析の前提条件として与えられるもの，分析の結果として求めたいものなどがあります。それらを明確に区分しないと，理解に苦しみます。

経済学では，変数を次の3つに分けて扱います。

1）外生変数：分析に当たって，前提として与えられる変数，計算での使用値

2）内生変数：分析の結果として計算する値

3）無関係な変数：この計算では変数として扱わない値

説明では一つひとつ断りませんが，「この変数は上の区分のどれだろうか」と考えて読み進んでください。

さて，qを輸入価格／輸出価格とします。するとB国の輸出供給の弾力性は，

$\eta^* = (dM/M)/(dq/q)$ で,収支均衡の条件より q=輸入価格/輸出価格=X/M です。X,M は輸出数量,輸入価格です。これを微分すると $dq/q = (dX/X) - (dM/M)$ です。これを η^* に代入して整理すると, $\eta^* = (dM/M)(XM/(dX \cdot M - dM \cdot X)) = (dM \cdot X)/(dX \cdot M - dM \cdot X) = -1/(1-(M/X)(dX/dM))$ です。ここで $M/X = AO/AE'$, $dX/dM = AE'/AB$ ですから, $\eta^* = -1/(-1+(AO/AE')(AE'/AB)) = 1/((AO-AB)/AB) = 1/(BO/AB)$ で, $t^* = 1/\eta^*$ になります。

この最適関税率は,貿易相手国を搾取することによってのみ可能であり,相手国が報復措置をとれば最適関税とはなりません。

> **問**:ある財の需要曲線が $D = 16-(1/6)P$, 供給曲線が $S = (5/2)P$ で与えられています。D,S はそれぞれ需要量,供給量,P は価格です。このとき,価格弾力性はいくらでしょうか。
>
> (公務員試験改題)
>
> **答**:$-(1/15)$
>
> 価格弾力性は $(dD/D)/(dP/P) = (dD/dP) \cdot (P/D)$ です。(dD/dP) は $-(1/6)$ です。また市場均衡の状態は D=S であり,それより P=6, D=15 が導出できます。
>
> 答えは $-(1/15)$

(2) 輸入数量制限の効果

次に,輸入数量制限の効果を,小国のケースに戻して,図 4-6 で説明します。制限のない場合は国際価格 Pm で,国内市場での供給曲線は LBC になります。輸入量を Q に制限しますと,国内市場における供給曲線は S' にシフトし,価格が P に上昇します。整理すると下記のようになります。

① 制限前
国内需要　AC　国内生産量　AB　輸入　BC
② 制限後
国内需要　KF　国内生産量　KE　輸入　EF

第4章 貿易政策

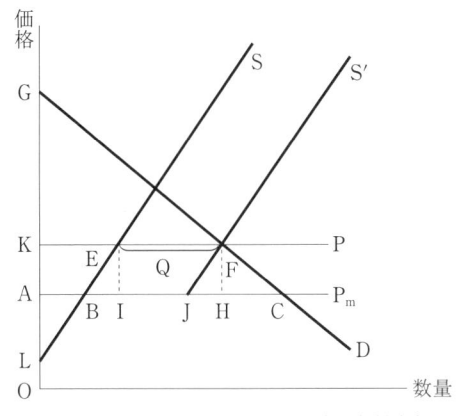

図4-6 輸入数量制限の効果（完全競争）

③ 余剰

	制限前	制限後	〈増減〉
消費者	ACG	KFG	減
生産者	ABL	KEL	増
貿易業者	O	EFHI	増
全体	GCBL	GFHIEL	減（△EBI＋△FCH）

　全体で見ると，余剰が△EBI＋△FCH分減少します。ゆえに一国全体では余剰の減少が起こり，数量制限は好ましくなく自由貿易が好ましいことがわかります。また輸入関税との相違は余剰の行き先です。輸入関税のケースで政府が得る余剰は，貿易業者に行くことになります。

　以上の分析から，輸入関税と輸入数量制限は同等といわれます。ただし，この同等性は完全競争下で成立しますが独占など不完全競争下では成立しません。なぜなら独占業者は，国内の需要曲線から輸入割当数量を差し引いたものを新しい需要曲線と考え，この条件下で利潤の最大化をめざします。その結果，たとえ販売数量が減っても販売価格を高く設定するからです。このことを理解するために，次の問題にチャレンジしてください。

> 問：ある小国において，需要Dと供給Sがそれぞれ，$D=400-P$，$S=2P-40$で定められるとします。Pは価格です。国際価格は90です。ここで1単位当たり10の関税を課します。さらに関税を課した場合と同量の輸入数量になるように輸入割当を行ったとします。このときの総余剰はいくらでしょうか。この国内の財の産業が独占状態であったときの国内価格はいくらでしょうか。
>
> (公務員試験改題)
>
> 答：総余剰は52,800，国内価格は164になります。
>
> 関税を課すと国内価格は100となり，$D=400-100=300$，$S=2\times100-40=160$になります。ゆえに140が輸入されます。消費者余剰，生産者余剰，政府の関税収入の合計は，$(300\times300)/2+(80\times160)/2+10\times140=52{,}800$になります。輸入割当後の需要関数は，$D=(400-P)-140=260-P$となります。利潤は（総収入－費用総額）ですから，最適生産量を求めるには，d(総収入)/d(生産量)＝d(総費用/d(生産量)（経済学ではMR(限界収入)＝MC(限界費用)）となります。生産量をqとすると，$MR=d(260-q)q/dq=260-2q$で$MC=20+q/2$ですから，$q=96$になります。ゆえに$96=260-P$で，$P=164$になります。

(3) 国内産業保護補助金の効果

ここで唐突に聞こえるかもしれませんが，なぜ，輸入関税などの貿易政策を実施するのか，復習をしましょう。正解は，国内で類似した財を生産し，販売している人々を守るためです。外国との競争に耐えられない産業を保護するため，こうした施策が採られるのです。ひいては，それが国民の厚生を高めることもあるのです。以上のことを再確認したうえで次の議論に進みましょう。

関税障壁を撤廃する代わりに，国内産業に補助金を交付して関税を課していた場合と同量の国内生産量を維持する方策もあります。次の問題を参考にしてください。

> 問：小国Aは，国際価格に対して，関税を課していました。しかし関税障壁の撤廃に併せ，従量的な補助金を交付することにして関税を課し

ていた場合と同量の国内生産量を維持しました。関税を課していたときと従量的補助金を交付する場合とでは，どちらがA国の厚生を高めるでしょうか。ただし，需要関数は q＝450－2P，供給関数は q＝3P－100，国際価格は80とします。なお関税率は10％とします。

(公務員試験改題)

答：補助金の方が余剰が64多くなります。

関税も補助金もなければ，450－2P＝3P－100で均衡価格は110になります。関税率は10％で国際価格は80なので，課税後の価格は88です。この価格での国内需要は，450－2×88＝274，国内供給は，3×88－100＝164になり，ゆえに輸入は274－164＝110になります。このとき消費者余剰は，(225－88)×274/2＝18769，生産者余剰は (88－100/3)×164/2＝4482.66…，政府の収入は110×8＝880になります。ゆえに社会的余剰は24131.66…。次に補助金をsとすると，供給関数は3(P+s)－100となります。ゆえに，164＝3(80+s)－100になり，s＝8です。国際価格が80のときの需要量は450－2×80＝290，消費者余剰は (225－80)×290/2＝21025，生産者余剰は (80－100/3－8)×164/2＝4482.66…，補助金の損失は164×8＝1312。ゆえに余剰は24195.66…になり，補助金の方が，余剰は64多くなります。

(4) 輸出補助金の効果

この項の最後に輸出補助金について考えます。図4-7は輸出補助金の効果を示しています。国際価格がPのとき，政府がこれにuの輸出補助金を出します。

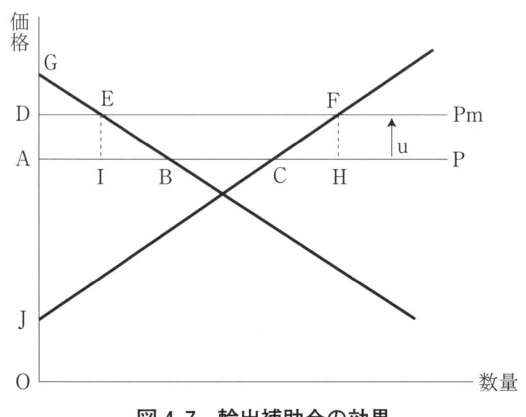

図4-7 輸出補助金の効果

すると国内価格は Pm になります。

① 補助金前

国内需要　AB　国内生産量　AC　輸出　BC

② 補助金後

国内需要　DE　国内生産量　DF　輸出　EF

③ 余剰

	補助金前	補助金後	〈増減〉
消費者	ABG	DEG	減
生産者	ACJ	DFJ	増
政府	0	－EFHI	減
全体		－($\triangle$EBI＋$\triangle$FCH)	

やはり一国全体では余剰が減少していることがわかります。政府の余剰はマイナスになります。

(5) 独占・寡占市場の均衡—戦略的貿易政策

以上で示してきた貿易モデルは，市場が完全市場であると仮定してきました。すなわち，企業は市場の価格（プライス）をテーカー，すなわちプライステーカーとして行動するのです。しかし，現実の市場は不完全市場であり，自動車産業などはその例でしょう。

近時，ミクロ経済学のゲーム理論，産業組織論などをベースにした戦略的貿易政策が論じられることが多くなっています。これは政府が戦略的に働きかける政策や国際間の企業活動に影響を与える政策を主にさします。そこでは不完全競争を前提にして，市場から生じる利益を自国側に有利にすることを強調するモデルがつくられています。

A．非貿易独占市場

貿易開始前の市場で，独占企業1社のみが財を供給していると仮定しています。図4-8で，D は需要曲線で限界収入曲線は MR で示されています。MC は

図 4-8 独占市場の均衡状態

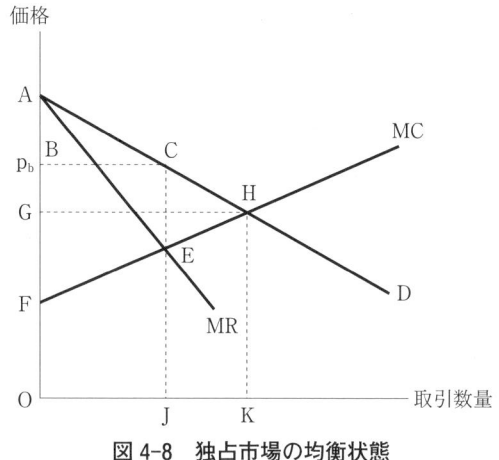

限界費用曲線で，供給曲線となります。独占企業は利潤を最大になるよう供給量を決定しますから，最適な供給量は限界収入と限界費用が等しくなる水準になります。すなわち2つの直線が交わる点Eで最適な供給量Eが決定され，市場価格は p_b となります。余剰は，どうなるでしょうか。消費者余剰は△ABCとなります。生産者余剰は，BFECです。もし，この市場が完全競争下にあれば，均衡点はHとなり，社会的余剰はBFHCとなりますから，独占により，△ECHの余剰の損失が発生します。ここまではミクロ経済学の復習でした。

B．小国の独占市場での貿易

さて，市場が開放され自由貿易が行われるとどうなるでしょうか。貿易は，国を豊かにするのでしょうか。

この国は小国で，貿易が行われるとプライステーカーとして，市場の価格をそのまま受け入れねばならないと仮定し，さらに該当国が輸入国になるケースを考えます。

図4-9を見てください。

世界の価格水準は p_w とします。すると限界費用曲線との交点Tで供給量OMが決定されます。貿易前と比べ供給量はJM増加します。一方，需要は価

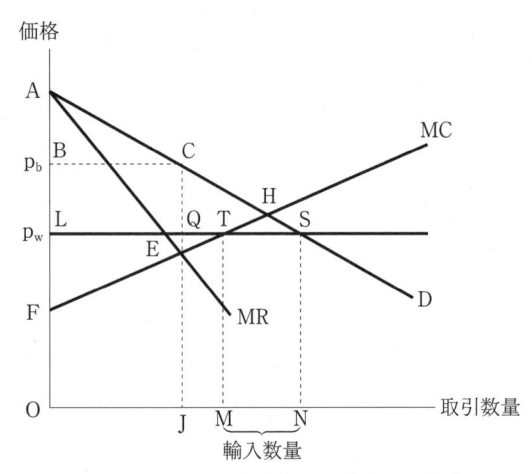

図4-9 小国の独占市場での自由貿易均衡

格と需要曲線の交点Sですから，MNが輸入されることになります。

余剰を確認しましょう。消費者余剰は△ALSとなり，貿易開始前に比べ，BLSCの分大幅に増加します。生産者余剰は，貿易前にはBFECでしたが貿易後は△LFTになり減少します。したがって，社会的余剰は△CQSと△QETだけ増加し，自由貿易で利益が増加することがわかります。

C．寡占市場の均衡

次に，戦略的貿易政策です。少数にせよ，市場に複数企業が存在する場合は，企業間に依存関係が存在するので，これまで説明したような完全競争や独占の場合の条件付最適化問題ではなく，各企業の戦略的行動問題としてとらえる必要があります。

簡単な理論モデルとして，第三国の市場で企業A，Bが活動をしていて，それぞれ，同じ需要曲線に対峙し，同一の費用関数で同質の商品を生産しているとします。各企業は相手企業の産出量を予測し，相手の生産量に対して利潤を最大化するよう自社の生産量を選ぶ数量競争（クールノー型競争）を行います。

企業1，2の生産量をy_1，y_2，市場価格をp，各企業の利潤をπ_1，π_2とし，
$\pi_1 = p - cy_1 - F$

$\pi_2 = p - cy_2 - F$

ただし，c は定数，F は固定費用，p は (y_1+y_2) の関数とします。

市場の需要曲線を

$p = a - b(y_1 + y_2)$

ただし，a, b は定数とすれば，

$\pi_1 = [a - b(y_1+y_2)]y_1 - cy_1 - F \cdots\cdots(1)$

$\pi_2 = [a - b(y_1+y_2)]y_2 - cy_2 - F \cdots\cdots(2)$

利潤最大化の一階の条件は

$\partial \pi_1 / \partial y_1 = a - 2by_1 - by_2 - c = 0$

$\partial \pi_2 / \partial y_2 = a - 2by_2 - by_1 - c = 0$

$y_1 = (a - c - by_2)/(2b) \cdots\cdots(3)$

$y_2 = (a - c - by_1)/(2b) \cdots\cdots(4)$

(3), (4)式は，相手企業の生産量を所与とした場合の各企業の利潤を最大化する生産量を与える式で，それぞれの企業の反応曲線と呼びます。

図4-10に企業1, 2の反応曲線が画かれています。2つの反応曲線の交点Eでは，均衡状態にあり，クールノー＝ナッシュの均衡と呼ばれます。この場合，2つの企業がE点の生産量を選ばず，E点よりずれた生産量を選んだら

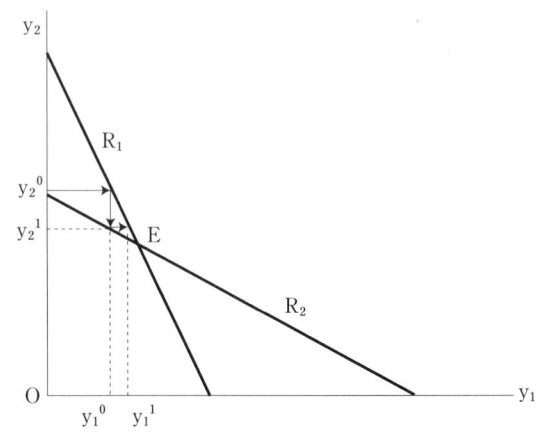

図4-10　安定的クールノー＝ナッシュ均衡

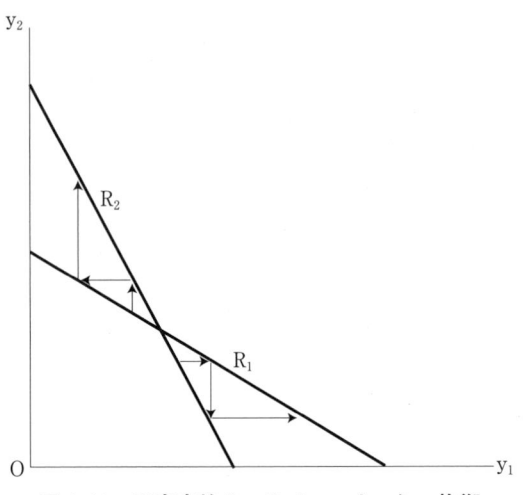

図4-11 不安定的クールノー＝ナッシュ均衡

どうなるでしょうか。たとえば企業2の生産量がy_2^0であったとすると企業1は生産量をy_1^0とします。すると，企業2は生産量をy_2^0に変更します。それを見て，企業1は生産量をy_1^1に変更します。やがて，両企業の生産量はE点に収束します。しかし，反応曲線の傾斜が図4-11のような場合は，不安定で収束しません。

さて，クールノー＝ナッシュ均衡における各企業の行動パターンは，相手企業の生産量に追随して，自社の方針を決めるもので，「追随者」の行動ということができます。

それに対し，相手企業が自社の生産量に追随して生産量を決めると想定して自社の生産量を決める「主導者」的行動パターンがあります。ここでは，企業1が「主導者」，企業2が「追随者」の場合を考えます。式(1)，(2)で左辺を一定とすると，利潤の等しいy_1，y_2の組み合わせを等利潤曲線として描くことができます。企業1の場合，π_1が大きいほど下方になり，企業2の場合，π_2が大きいほど左方になります。

図4-12で，企業1の反応曲線をR_1，企業2の反応曲線をR_2とします。

「主導者」である企業1は，企業2の反応曲線R_2上にあって，自社の利潤が

第4章　貿易政策

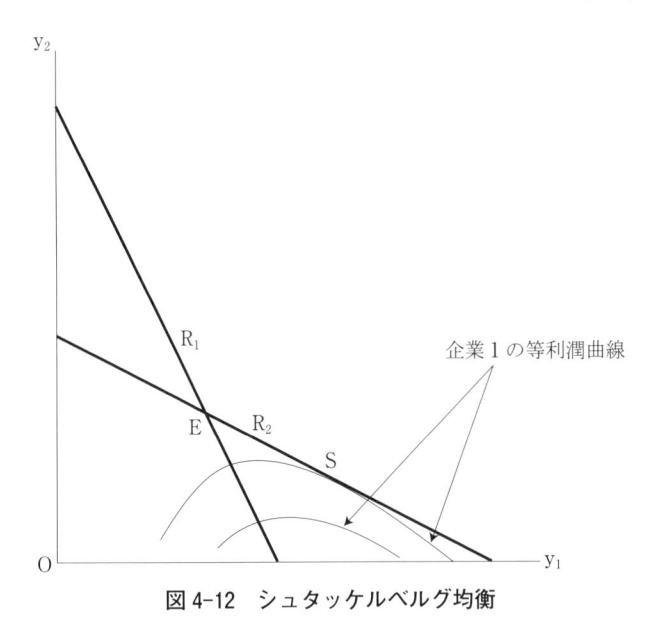

図4-12　シュタッケルベルグ均衡

最大となる点すなわち，自社の等利潤曲線と他社の反応曲線との接点Sを選択することになります。この点をシュタッケルベルグ均衡と呼びます。「主導者」になることにより，企業1の利潤はクールノー＝ナッシュ均衡点より増加します。両企業がともに「主導者」になろうとして競合する場合は，互いに相手の行動が予測できず混乱状態となり，必ずしも均衡状態が実現できず，この状態をシュタッケルベルグの不均衡といいます。

さらに進んだ学習のために，ぜひ読んでください

石井安憲・清野一治・秋葉弘哉・須田美矢子・和気洋子・セルゲイ＝ブラギンスキー『入門・国際経済学』有斐閣，1999年
伊藤元重『ゼミナール国際経済入門』日本経済新聞社，2005年
伊藤元重『ミクロ経済学・パーフェクトマスター』日本評論社，2007年
木村福成『国際経済学入門』日本評論社，2000年
若杉隆平『国際経済学（第3版）』岩波書店，2009年

第 5 章

国際貿易体制の新潮流と日本

1 GATT（ガット）とは

　GATT（General Agreement on Tariffs and Trade：関税と貿易一般協定）は，1948年に締結され，米国が主張していた，より市場原理に立脚したシステムが導入されることになりました。日本は1955年に加盟が認められました。
　発足の動機ですが，1930年代に，英国，フランスが，それぞれの植民地保護のため，保護主義的な政策，具体的には，輸入関税や輸入数量制限を施行し，世界的な不況を招いたことにあります。
　1930年代のブロック化が，いかにすさまじいものかを示すのが，表5-1です。
　GATTの原則は，「最恵国待遇：MFN（Most-Favored-Nation Treatment）」で，そのなかに，「自由」「無差別」「多角」「互恵」がうたわれています。この内容については，大まかに見当がつくと思いますので省略しますが，具体的には以下の原則が出されました。
① 新たに関税を導入したり，それを引き上げたりする場合には他を下げる。
② 輸入数量割当は原則として行わない。

表5-1　ブロック内貿易の輸入比率

(%)

	範　　囲	1929（年）	1938
英国	植民地，自治領，保護国	30.2	41.9
フランス	植民地，保護国，委任統治領	12.0	27.1
ドイツ	東南ヨーロッパ6ヶ国，中南米諸国	16.7	27.6
日本	朝鮮，台湾，関東州，満州	20.2	40.6

出所）通商白書（2002）

③ 農産物以外には輸出補助金を出さない。

　このうち，②の「原則」という表現が気になる人がいるでしょう。原則というからには，例外的なケースがあるのです。代表的なケースはなんでしょうか。日本では，米です。米は，一部のケース（あられ類などの加工食品や家畜の餌など）を除いて，一粒たりとも輸入しないという，厳しい輸入制限が施行されていたのです。③については，ヨーロッパの主張を取り入れていると考えてください。ヨーロッパの多くは，農業国なのです。

　さて，このようにしてできたGATTですが，成果はあったのでしょうか。以下，確認をしていきましょう。

A．GATTの成果

　GATTの成果は，なんといっても貿易の飛躍的な拡大です。国際貿易の金額は，指数的に増加しました。また，工業品の関税率は，GATT施行前，約40％でしたが，現在では約3％にまでなっています。日本経済が，それによって発展したことは先に述べました（第1章）。さらに途上国が，この協定に参加したことも大きな成果といえるでしょう。参加国は増えつづけ，現在では，100数十ヶ国が参加しています。こうした参加国の増大も大きな成果です。同時に問題点も出てくることになりました。それは以下の3つに集約されます。

B．問題点

① 1980年代から，「輸出自主規制」など，新たな保護政策が登場

② 知的所有権，サービス貿易など，工業・農業以外の貿易問題の登場

③ 結論の先送り

　③については，紛争の当事者が納得できない場合に，それを解決するシステムが存在しなかったことが原因です。また先進国と途上国という構図も鮮明になってきました。GATTの問題点は，明らかになった反面，深刻化してきたのです。

2　ウルグアイ・ラウンド

　GATTが，その成果を最もあげたのは「ラウンド」であるといわれています。

事実これをきっかけに，関税率などは飛躍的に低下しています。ラウンドとは「会議」の意味であり，GATTの原則である「多角的」交渉を実現する場でもありました。多数の国が一堂に会して，関税の引下げやその他の貿易政策について話し合いを行ってきたのです。なかでも，1960年代のケネディ・ラウンド（1964～1967年），1970年代の東京ラウンド（1973～1979年），1980年代から1990年代にかけてのウルグアイ・ラウンドが有名です。ここでは，そのなかから，ウルグアイ・ラウンドについて説明をしましょう。

ウルグアイ・ラウンドは，1986年9月ウルグアイのプンタ・デル・エステで，4年計画で開始されました。最終的な調印がなされたのは1994年4月ですから，あしかけ8年近い年月を要したことになります。そして以下の合意を得ることができました。

① 工業：輸出自主規制の禁止
② 農業：例外なき関税化と輸入数量制限の原則禁止
③ サービス貿易：「最恵国待遇」「透明性の確保」を保証
④ WTOの設置

以下②と③については若干の補足をしましょう。まず，日本の米です。これについては，西暦2000年まで国内消費量の4～8％を段階的に輸入するという，ミニマム・アクセスが認められました。日本では，国を分ける議論がなされました。関税化に反対する理由としては，食料の安定的確保，国土・環境の保全論などがあげられました。それに対し前者については，むしろ安定的な輸入が必要であるという議論がなされました。頻繁に例としてあげられたのは，1993年の米の凶作で，このとき日本はタイなどから米の輸入を例外的に行いました。後者については，外国産の米に対する不安感が蔓延していました。

次に，③についてはGATS (General Agreement on Trade in Services：サービス貿易に関する一般協定) が定められました。分野は，実務，通信，建設・エンジニアリング，流通，教育，環境，金融，健康・社会事業，観光，娯楽，運送，その他の12分野です。また TRIPS (Trade Related Aspects of Intellectual Property Rights：知的所有権の貿易関連の側面に関する一般協定) では，著作権，商標，

表 5-2 ウルグアイ・ラウンド前後の工業製品への関税率

(%)

	日本	米国	EC（当時）	カナダ	スイス	シンガポール	韓国	オーストラリア
前	3.9	5.4	5.7	9.0	2.2	12.4	18.0	20.1
後	1.7	3.5	3.6	4.8	1.5	5.1	8.3	12.2

出所）通商白書（2001）

地理的表示，意匠，特許，IC 設計図，営業秘密の 7 分野を対象にしています。

最後の WTO については，3 節で説明します。

ウルグアイ・ラウンドは，総じて成功であったといえるでしょう。上記のような成果もありましたし，関税も大幅に削減されることになりました。表5-2 は，ウルグアイ・ラウンド前後の工業製品への関税率の変化です。

Coffee Break

11：略称

すでに出てきた GATT, IMF, GDP などは，就職試験にも出題されます。十分理解して覚えておきましょう。本書では，以下重要なもの，頻度の高いものには，スペルアウトしたかたちで紹介をします。

3 WTO の誕生

1995 年 1 月 1 日，WTO が GATT を継承するかたちで設立されました。参加国は 76 の国と地域でした。ここでは，GATT との相違を中心に説明しましょう。

A．組織

GATT は協定ですが，WTO は組織となっています。WTO は国際機関であり，建物も職員も存在します。

B．テーマ

　GATT は工業，農業が中心でした。WTO はそれらを継承しながらも，サービスや知的所有権も対象にしています。WTO の目的は「生活水準の向上，完全雇用の確保，高水準の実質所得および有効需要の着実な増加，資源の完全利用，物品およびサービスの生産および貿易の拡大」となっています。これは基本的に GATT と変化ありません。そして同様に，関税などの障壁の軽減と国際貿易の差別待遇をなくすことを目的にしています。

C．紛争処理の方法

　WTO 体制に信頼性をもたらした最大の要因は，紛争解決の手続きにあるでしょう。GATT のもとでの紛争案件数が，1948 年から 1994 年の間に 314 件であったのに比べ，WTO のもとでは 1995 年から 2008 年までの 13 年間で 388 件に増加しています。

　貿易に関する紛争が発生した場合，まずは二国間協議です。これは GATT でも WTO でも同様です。WTO の加盟国が申し立てを行えば，両当事国は解決を得るよう努力することになっています。しかし，一定期間（通常 60 日以内）内に協議によって解決できなかった場合，パネル（小委員会）に紛争を付託することができます。申立国が，パネルの設置を全加盟国により構成される紛争解決機関（DSB:）に対して要請する場合，DSB は，パネルを設置しないことについてコンセンサス（合意）が存在しないかぎり，パネルの設置の決定を行わなければなりません（ネガティブ・コンセンサスまたはリバースといいます）。紛争の当事国は，パネルの判断に不満がある場合には，さらに上級委員会に申し立てをすることができます。上級委員会は，パネルの法的な認定および結論を支持，修正または取り消すこともできます。ちなみに，上級委員会は個人の資格で任命される 7 人の委員により構成されます。

　議長がある決定案を採択してよいか問い，加盟国より異議が出されなければ，議長はこの決定案をコンセンサス方式で採択された旨を宣言します。「全会一致」と訳されることがありますが，投票や挙手を行わない点がコンセンサス方式の特徴なのです。これに対し，「リバース（またはネガティブ）・コンセンサス」

第5章　国際貿易体制の新潮流と日本

は，採択に反対することに「コンセンサス」が形成されない限り，当該決定案を可決する（すなわち，全加盟国が異議を唱えない限り採択される）方式をさします。

パネルまたは上級委員会の報告書は，DSBによって，勧告または裁定というかたちで採択されます。パネルまたは上級委員会は，ある措置がWTO協定に適合しないと認める場合には，DSBはその措置の関係加盟国に対し，その措置を協定に適合させるよう勧告することになります。パネルまたは上級委員会は，その関係加盟国がその勧告を実施しうる方法を提案することもできます。しかし基本的には，関係加盟国の裁量に委ねられています。

関係加盟国は，DSBによる報告書採択以降，ただちに履行することができない場合，履行のための適当な期間を与えられます（原則として15ヶ月以内を超えないこと）。この期間内に勧告を履行することができなかった場合，申立国は代償を求めることができます。代償について合意がない場合には，申立国は，いわゆる対抗措置をとることについてDSBの承認を求めることができます。DSBは，妥当な期間満了から30日以内に対抗措置を承認しなければなりません。また，被申立国が勧告を実施するための措置をとった場合であっても，申立国が被申立国の実施の内容について異論がある場合には，申立国は，勧告実施のためにとられた措置についてパネルに付託することができます。この勧告実施のパネルの判断も上級委員会に申し立てることが可能です。

従来のガット体制における紛争解決手続においては，パネル設置やパネル報告の採択などの決定をコンセンサス方式で行っていたため，ガット違反を問われている国が一国でも反対すると決定が阻止されるという問題がありました。WTO協定のもとでは，従来とは逆に，コンセンサスによって反対されないかぎり決定される方式がとられるようになり，ほぼ自動的に決定が行われるようになりました。紛争解決の遅延を防止するため，紛争当事国の協議，パネルの設置からパネル報告の採択，勧告の実施などのそれぞれについて期限が設けられ，手続きが迅速に進行するようになりました。上訴制度が導入され，上級委員会が新設されました。これにより，WTO紛争解決制度の信頼性と迅速性が

増したといえます。

　問題点も存在します。地域統合の動きは，1930年に存在したようなブロック化の動きを導きかねません。EU，APEC（アジア太平洋経済協力会議），NAFTA（北米自由貿易協定），メルコスール（南米南部共同市場）などは，その典型的な例です。域内での発展を優先し，域外を排除するような動きが心配です。例えば，欧米諸国を中心とした市場原理をベースにした経済体制への移行には，競争力の弱い途上国から反発が出ています。事実労働基準をめぐって，先進国と途上国の対立が起こっています。WTOの総会時に開催国でもめごとが起こるのも，なかば慣例化しているようです。先進国やILO（International Labor Organization：国際労働機関）は，強制労働や幼年労働の禁止，団体交渉権などの自由を認めない国に対する貿易制裁措置をとろうとしています。

　中国の未加盟は大きな問題でしたが，すでに加盟を済ませました。今後は投資，競争政策（知的所有権，電子商取引など），環境，労働基準などが課題となることが予想されます。貿易政策の変化は，企業活動はもちろん，われわれの生活に直接，間接に影響します。実感はわかないかもしれませんが，注目したいものです。

問：国際機関の機能について，正誤を答えてください。

1）BISは，各国銀行の中央銀行として，銀行間の資金決済を行っている。
2）IBRDは，各国の国際収支の危機を救済するための資金供給を主な業務としている。
3）IDAは，加盟国の民間企業を対象に，途上国の活性化のための投融資を行う。
4）ADBは，APEC内の貿易を活性化することを主な業務としている。
5）WTOは，GATTの後を継いで創設され，加盟国間の貿易，知的所有権，紛争処理などのルールを定めている。

（検定試験改題）

答：1）×：中央銀行ではなく，決済機能もありません。2）×：IMFの役割です。3）×：民間企業への融資は行っていない。Coffee Breakには出てきませんでしたが国に対する融資のみです。4）APECというと，アジア以外の国も入ります。例：米国。5）○

問：以下の記述で正しいのはどれでしょうか（今回は括弧内でヒントを出しましょう）。

1　第二次世界大戦後，世界経済の保護主義的ブロック化への反省から，貿易障壁の軽減などをめざした多角的貿易体制づくりが必要とされ，GATTのもとで多角的貿易交渉が行われてきたが，参加国はあまり増えず，ウルグアイ・ラウンド締結時においても当初とほぼ同数であった（参加国はほぼ同数？）。
2　ウルグアイ・ラウンド農業合意において，わが国の米は食料安全保障や環境保全などの重要性が考慮され，関税化特例措置は認められなかったものの，最低輸入量（ミニマム・アクセス）は将来にわたって据え置かれることが確認された（据え置き？）。
3　ウルグアイ・ラウンドの終結に伴い，GATTの任務を引き継ぐ国家機関としてWTOが設立されたが，その協定内容は，サービスや特許などの分野を含めた包括的な国際貿易ルールが成立したことなどの特色があるものの，紛争解決の整備は図られていない（紛争解決の整備は？）。
4　近年，NAFTA，メルコスール，APECなどのような国境を越えた地域連携の動きが活発化しており，また，地域連携が相互に作用し合うかたちで世界通商システムの新たな動きがもたらされている。

5 GATT・ブレトンウッズ体制は，第二次世界大戦後の自由貿易体制を支えてきたシステムであるが，実際は当初から先進国と途上国の対立に悩まされ，また，欧州と日本の復興が実現した1960年代以降は，先進国間の貿易摩擦に有効に対処しえず，戦後の世界貿易の発展にあまり寄与できなかった（貿易規模は？）。

6 1986年から始まったGATT，ウルグアイ・ラウンドは，1994年にいたりようやく最終的な合意をみた。具体的内容については，農産物の自由化や市場アクセスの大幅な改革などが盛り込まれたが，知的所有権などの新しい枠組み協定は，開発途上国の強硬な反対もあり，制度化が見送られた（制度化は？）。

(公務員試験改題)

答：4

できなかった人はもう一度本文を丁寧に読み直してください！

さらに進んだ学習のために，ぜひ読んでください

石井安憲・清野一治・秋葉弘哉・須田美矢子・和気洋子・セルゲイ＝ブラギンスキー『入門・国際経済学』有斐閣，1999年
馬田啓一・木村福成・浦田秀次郎『日本の新通商戦略―WTOとFTAへの対応―』文眞堂，2005年
小浜裕久・深作喜一郎・藤田夏樹『アジアに学ぶ国際経済学』有斐閣，2001年
伊藤元重『ゼミナール国際経済入門』日本経済新聞社，2005年
村上直久『WTO』平凡社（新書），2001年

第6章

直接投資と多国籍企業

1　直接投資とは

　直接投資という言葉を聞く機会は多いと思いますが，意外に定義ができる人は少ないようです。直接投資とは，海外子会社の設立，海外企業への出資など海外での経営参加，経営支配を目的とするものをさします。では，間接投資とはなんでしょうか。こちらは投資収益を目的とするケースをさします。

　直接投資は，資本の国際間移動によって理解されることが多い特徴があります。日本の国際収支上では，日本企業が外国において10％以上の株式を取得する子会社・支店に対する日本企業からの出資，長期資金貸付，不動産取得などの資産取得と定義され，資本収支の一部として計上されます（貿易収支ではありません）。ただし10％未満であっても外国企業との間で長期的原材料，製品の購入契約または技術・代理店契約などが存在していれば，株式保有，長期貸付も直接投資に含まれることがあります。この定義は米国商務省，OECDとの相違はほとんどありません。なお国籍が日本であっても，1年以上米国で居住すれば経済上は米国人として扱われます。米国トヨタは，もちろん米国企業になります。IMFの定義は若干異なります。個人の場合は50％以上の株式保有，企業の場合は25％以上の株式保有が直接投資になっています。

　現実に，なぜ直接投資は起こるのでしょうか。それには以下が考えられます。
① 貿易制限の存在
　輸入数量制限や輸出自主規制の存在は財価格，生産要素価格が均等化しません。その際には，生産要素そのものが移動して均等化されることになります。
② 為替レート
　為替レートの変化は，企業の直接投資を生む要因になります。

③ 経営資源

技術力，マーケティング能力，製品差別化などが含まれます。

④ 企業内の事情

経営の形態などを考慮に入れたうえで，決定されます。

⑤ 立地条件

生産要素の存在量はもちろん，輸送手段，通信事情，原材料や中間財の入手，法制度，税制，市場規模，競合状況，言語，政治的安定性などが考慮されます。

直接投資はどのような影響を経済に及ぼすのでしょうか。対内直接投資は，優れた経営ノウハウの移転・創造，新技術の創造，雇用機会の創出，人材の流動化，消費者利益の増大，多面的な国際経済関係の構築などがメリットとしてあげられます。一方対外直接投資は，(1)輸出誘発効果，(2)輸出代替効果（日本から進出先および第三国への輸出の減少），(3)逆輸入効果を引き起こすことが指摘されています。

2 直接投資の理論

少しむずかしい話になりますが，以前に述べたリカードーの理論では財の移動のみが前提とされ，生産要素の移動は行われないことを前提にしていました。しかしグローバル化を考えれば，この前提を崩して考えるほうが現実的です。むろん，財と生産要素が完全に移動自由であれば，競争的な均衡がパレート最適（ある個人の効用水準を低下させることなく，他の個人の効用水準を上昇させることが不可能な状態）になります。生産要素の移動は現実には不完全で，そのような状況下では下記の議論が有用です。

ここでは生産要素の移動が，より多くの経済的利益をもたらすことを理論的に説明しましょう。以下のモデルはマクドゥーガルモデルといわれています。1960年の論文を基にしているのですが，今でも頻繁に引用されます。

自国と他国が労働と資本を使用して，ある商品を生産しているとします。横軸の幅 OO^* は両国の資本量の合計で，自国は O を原点，他国は O^* を原点とします。自国，他国の労働量を一定として資本の一単位の増加によって得られ

第6章　直接投資と多国籍企業

図6-1　マクドゥーガルモデル

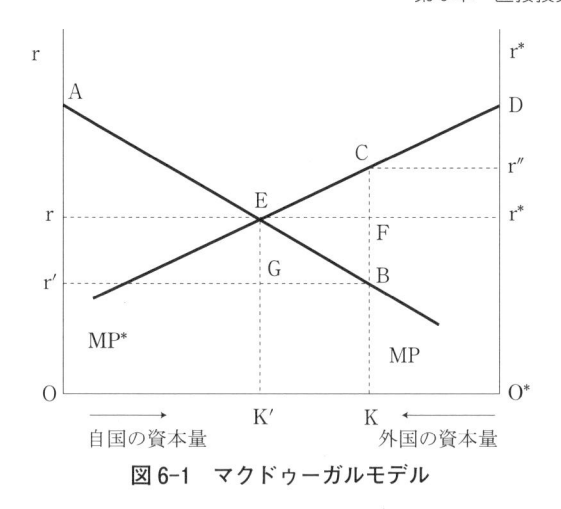

る生産物の価値（限界生産物価値）がMP，MP*として描かれています。それぞれの国で，市場は競争的であると仮定すれば，資本の限界生産物価値は資本レンタル価格（資本財一単位の価格：自国r，外国r*）と等しくなりますから，2つの曲線は資本に対する需要曲線（r，r*）になります。

最初の自国の資本賦存量がOK，他国のそれがO*Kであるとき，自国の資本レンタル価格はr′，外国はr″であり，資本が豊かな自国の資本レンタル価格は他国より低くなります。（r′＜r″）。自国の所得合計額はABKOになり，外国はCDO*Kです。

このとき自国資本はレンタル価格の高い外国へ流出し，K′で均衡します。そして両国の所得の合計はBEC分増加します。このように生産要素の価格が均等化していないことが資本移動を生む動機になるのです。そして直接投資が投資国にとっても受入国にとっても有利であることがわかりました。

3　直接投資の現状

理論的な話の後は，現実的な話です。

日本の直接投資は，1960年代には資本取引が制限されていたため，ほとん

ど行われていませんでした。1970年代から資本移動の規制緩和，円高により活発化しました。主要相手は途上国で資源開発のための投資が多くを占めました。1970年代後半から1980年代にかけては世界経済の低迷もあり，米国など先進国に自動車，電機など貿易摩擦解消のための投資がわずかに行われた程度でした。

1980年代後半からは状況が変わります。米国などへの輸送機器，電気機器その他金融・保険，不動産などへの直接投資が活発に行われました。アジアへも，低賃金を利用した製造業の直接投資が相次ぎました。産業の空洞化という言葉が出てきたのはこの頃です。

1990年代に入ってからは，アジア向けの製造業の直接投資は堅調でした。最近では，現地で部品や中間財を調達して製品を現地で売るかたちと，日本へ部品・中間財を逆輸入する国際分業型のものへと変化しています。

2000年代以降，対内直接投資は着実に増えています。投資国・地域別に見ると欧米諸国のシェアが大きいが，近年の傾向として，NIEsや中南米等からの投資も増え，投資国が多様化してきています。しかし，世界全体の対内直接投資残高を見ると，日本への対内直接投資が占める割合は約1％にすぎません。業種別構成は金融・保険等の特定の業種に投資が集中しています。

各国のグローバル化の進展により，国境の壁を越えて活発な経済活動が展開されており，それぞれの特性をいかした国際的な機能分業が展開されています。日本は，多くの基盤技術の集積や高度部品・材料の技術面において優位性を有しています。また中国などは，安価な労働力という面において優位性を有していますが，アジア諸国の技術力の向上や，経済発展に伴う賃金上昇によって，そうした差が年々小さくなってきています。そこで，各国・各地域のビジネス環境や法律，税制などの制度のあり方が，今後の企業の投資・立地戦略に及ぼす影響が大きくなっています。

海外直接投資も拡大しています。日本の所得収支は2007年で約16.3兆円と，貿易収支の約12.3兆円を大きく上回っています。こうした所得収支黒字拡大の背景として，証券投資収益の受取が拡大していることに加えて，日本企業の

海外事業展開の進展に伴い，海外現地法人が計上する利益が拡大していることがあげられます。

Coffee Break

12：ODA（Offical Development Assiatance）

直接投資との関連性は希薄な面もありますが，ODA について話しておきましょう。ODA とは，政府や地方自治体が発展途上国や国際機関に対して行う援助，出資のうち，グランド・エレメント（贈与）が少なくとも 25％以上のものをさします。贈与でなければ，低利での貸付けや国際機関への出資というかたちをとります。1970 年の国連総会では，ODA の対 GDP 比率を 0.7％以上にすることが決められましたが，守っている国は数ヶ国にすぎません。ちなみに 2000 年度，日本は 0.28％でした。金額では最大の拠出国になっていましたが，2006 年度は 0.25％で米，独，仏，英国に次いで第 5 位で，世界からの評価はいまひとつといった感は否めません。それにはグランド・エレメントの比率が低いこともありますが，その内容にもあるようです。政府は，従前の貧困対策，インフラ整備，環境保全に加え，経済構造改革，紛争・災害対策にもウエートをおこうとしています。

さらに進んだ学習のために，ぜひ読んでください

天野明弘『貿易論』筑摩書房，1986 年
岩田一政『国際経済学』新世社，1990 年
日本銀行統計局『国際収支統計月報』
日本貿易振興会編『ジェトロ白書・投資編』
出井文男『多国籍企業と国際投資』東洋経済新報社，1991 年
若杉隆平『国際経済学』岩波書店，2009 年
データとしては上のほか，World Investment Report（UNCTAD），International Direct Investment Statistics Yearbook（OECD）が有用です。

第7章

食と生活

1　日本の食料問題

　日本の農業は現在，大きな岐路に立たされているといってよいでしょう。かつて高度成長の過程においては，農業の生産性の向上，総生産の増大，そして生活水準の向上などが政府の施策として図られ，一定の成果を収めてきました。その後の急速な経済成長，国際化の著しい進展は日本の食料，農業，農村をめぐる状況を大きく変化させることになりました。日本の社会は，効率性を優先した大量規格生産型の工業社会から，多様化・ソフト化・省資源化をベースとする循環型の社会へ転換しました。国民の意識も，暮らしの心地よさ，環境，健康などに重点をおく傾向が見られます。競争と共生，物と心，都市と農村，工業と農業などの調和への途を探っているといえます。食料自給率の低さが問題を引き起こすことは想像がつくでしょうが，こうした点からも，食料，農業，農村のあり方を考えることは大切です。

　日本の食料供給は，輸入に大きく依存することで成り立っているため，海外の影響をきわめて受けやすい構造となっています。2007年はそれを改めて認識する年となりました。1つには，穀物や大豆の国際価格が過去最高水準にまで高騰し，国内の食料品価格や原料調達に大きな影響を与えました。それは，畜産経営にも大きな打撃を与えました。また，食品に対する消費者の信頼を揺るがす事件も発生しました。

Coffee Break

13：セーフガード

　WTOセーフガード協定では，予見できなかった事情が発生した結果，特定の産品の輸入が増加した場合に，一種の緊急避難措置として一定の要件（国内産業への損害発生など）のもとで輸入制限を行うことを許容しています。発動期間は当初4年で，延長可能（最大8年）です。この制度は，輸入急増による倒産，失業などの状況を緩和し，産業が構造調整をする猶予期間を与えます。その反面，価格上昇や選択肢の減少などのデメリットをもたらします。日本では2001年，中国からの輸入が急増しているネギ，生シイタケ，イグサに対する緊急輸入制限（セーフガード）の発動が議論を呼びました。

　戦後，国民の食生活は大きく変化してきました。その要因には，所得水準の向上やライフスタイルの変化をあげることができます。1960年代には，米を主食にして，魚介類，畜産物，野菜，果実などの多様な食生活が形成されました。栄養バランスもとれており，健康で豊かな食生活がつくられたと考えられています。しかし，その後の食生活の変化は著しく，表7-1の農林水産省の発

表7-1　国民一人一日当たり供給熱量の構成の推移

(Kcal)

	1965(年)	2001	2007
米	1,090	620	597
肉類	52	395	165
油脂類	159	382	363
小麦	292	323	324
いも類	54	215	49
砂糖類	159	211	207
魚介類	98	145	126

出所）農林水産省「食料需給表」

表データに見られるように,最近では脂質や砂糖類の摂取過多,肉類の増加傾向がみられ,栄養バランスの崩れ,生活習慣病の増加などが懸念される状況となっています。

また摂取カロリーの異常な増加,偏向化,インスタント化,食品汚染の増加などは深刻です。廃棄や食べ残しも,食糧不足が慢性的になっている国の存在を考えると見過ごせません。

表7-1に肉類,油脂,砂糖類などの消費が拡大したことを示しましたが,それに伴って飼料穀物や油脂原料の需要が増大しました。そのほとんどは,外国からの輸入に依存しています。その理由としては,日本の農地の狭さが,まずあげられます。その他,農業政策(減反,休耕地,干拓地,植林事業,農家支援)もあげられます。

こうした動きを背景として,日本の食料自給率は年々低下し,主要先進国のなかでも最も低い水準です。表7-2は日本の食料自給率です。

ちなみに,2003年のデータ(供給熱量自給率)では,米国は128%,英国は70%,ドイツは84%,フランスは122%,イタリアは62%,オーストラリアにいたっては237%です。

世界の食料需給は,世界の人口増加や畜産物消費の拡大などによる飼料穀物需要の増大,環境問題などによる農業生産の拡大などから,逼迫する可能性があります。輸出国が特定の国,地域に偏っていること,異常気象の影響を受けやすいことも心配です。世界最大の食料輸入国である日本には,より真剣な議論が必要でしょう。日本は食料供給について輸入への依存度を一層強めており,国民の多くは,質の点も含めた将来の食料事情に不安を抱いているものと思い

表7-2 日本の食料自給率の推移

(%)

	1965(年)	2003	2009
供給熱量自給率	73	40	40
穀物自給率	62	27	28

出所)農林水産省「食料需給表」

ます。国際的な食料事情が大きく変化し、世界の食料需給が中長期的に逼迫する可能性があるなかで、食料の6割を海外に依存するわが国としては、現在の大量輸入、大量廃棄等の食生活を見つめ直し、安全な食料を将来にわたり安定的に供給するためのシステムを早急に確立することが求められます。このことは、単に食料・農業の観点にとどまらず、環境や国土の保全、国民生活のあり方にもかかわってきます。

Coffee Break

14：人口問題

かつてマルサス（1766～1834）は、『人口の原理』のなかで、人口は幾何級数的に増加するが、食料は算術級数的にしか増加しないと主張しました。人口の増加が資源枯渇から人類の滅亡を招く可能性を、考えなければならなくなっています。国連などの予想によると、人口増加の速度は若干鈍化するものの、人口が幾何級数的に増加する可能性は否定できません。なかでも、疾病などの自然の人口抑制力は今後ますます緩み、途上国の人口増加もしばらくは続きそうです。出生率と死亡率のバランス、中国の「一人っ子政策」など各種の人口政策の功罪を真剣に議論する必要があります。

2　農業をめぐる問題

高度成長に伴い農業部門から他産業部門への労働力の大きな移動があり、農家戸数が年々減少するとともに兼業農家の比率が高まりました。表7-3は農家戸数と農業就業人口の推移です。

それとともに高齢化が進行中です。さらに近年では若年層の都市部への流出などにより農業従事者の減少と高齢化が進み、過疎化により地域全体での活力が低下しています。農村（人口集中地域以外の区域と定義される）の人口比率は下がっています。

表7-3 農家戸数と農業就業人口の推移

年	1965	1970	1975	1980	1985	1990	1995	1999	2000	2005
農家戸数（万戸）	566	540	495	466	438	383	344	324	312	196
うち専業農家（％）	21.5	15.6	12.4	13.4	14.3	15.4	16.0	17.5	18.2	22.6
同兼業農家（％）	78.5	84.4	87.6	86.6	85.7	84.6	84.0	82.5	81.8	77.4
農業就業人口（万人）	1,151	1,035	791	697	636	565	490	384	389	335
うち65歳以上（万人）	−	182	166	171	185	202	227	197	206	195

出所）農林水産省「農林業センサス」

　農地についても1960年をピークに減少に転じ，住宅地への転用，耕作放棄などにより面積が減りつづけています。特に地理的条件から農業の生産条件が不利であるうえに，就業機会や生活の利便性などにも恵まれていない中・山間地域においては，人口の自然減などが進行し，農業の継続や地域社会の維持が困難になるところも現れています。

3　これからの農業政策

　1999年に制定された食料・農業・農村基本法では，農業の持続的発展をテーマとして掲げ，農地，水，担い手などの生産要素の確保，望ましい農業構造の確立，自然循環機能の維持増進を課題としてあげています。さらに，旧農業基本法では定められていなかった農村の振興を課題とし，農業の生産条件の整備，生活環境の整備など福祉の向上を課題としています。

　農業を国民全体の問題としてとらえ，その解決にあたって国民参加が求められています。農業は食料の安定供給のみならず，国土の保全，水源の涵養，自然環境の保全，良好な景観の形成，文化の伝承といった多面的な機能を有しています。私たちはあらためて新しい農業のあり方を考えてみなければなりません。

　地球温暖化や生物多様性の保全に対応するためにも，資源・環境対策を推進するとともに，循環型社会の形成を進めることが大切です。特に，バイオマス利活用の加速化は，地球温暖化防止や循環型社会の形成という視点に加え，従

来の食料生産の枠を越え耕作放棄地の活用を通じて食料安全保障にも資するなど，農林水産業の新たな領域を開拓する観点からも重要でしょう。

　農村は，農業生産の場であると同時に農業従事者を含めた地域住民の生活の場です。農家には，効率的で安定的な経営，自然循環機能の促進が緊急の課題であると思われます。創意工夫を生かした農業経営の展開，技術の開発・普及が大きな課題です。農業を地域経済を担うとともに，若者にとって魅力ある産業として育成し，その活力を高めることにより，農村地域の再生を図ることが大切でしょう。近年，農産物直売所等で消費者に直接販売を行う取り組みがさかんになっていますが，この取り組みをさらに拡げ，加工，流通といった経営の多角化や，有機農業や新食品・新素材の開発など農業の高付加価値化に取り組み，農業経営の安定化と競争力の強化を図ることが重要でしょう。また，新たな生産システムやロボットなどの開発による省力化・低コスト化に取り組む必要があります。さらに，知的財産を適切に保護しながら，積極的・戦略的に活用していくとともに，関係機関が結集して，安心・安全，そしてより質の高い農産物の研究・技術開発を推進していくことも重要でしょう。

　農地政策については，貸したい人は貸しやすく，借りたい人は借りやすい環境を整えるとともに面積的にまとまったかたちでの農地利用集積を促進することが重要です。なお，稲作単一農家の経営規模の縮小には，後継者がいないことや経営主の高齢化，単位面積当たり米販売額が少ないことが関係していることから，経営規模の拡大をめざす意欲ある農家に対し，経営の安定や人材確保といった面での支援が重要です。

　食料供給の基本となるべき国内農業が直面している最大の課題は，生産構造のぜい弱化が進んでいる米，麦，大豆等の土地利用型農業の体質を強化することを通じて，国内生産の増大を図り，将来にわたり食料を安定供給できる農業構造を構築することであるといわれています。特に，米については需給調整の実効性を確保し，水田農業の維持・発展を図る必要があります。

　このような土地利用型農業に関しては，2007年4月から新たな経営所得安定対策が導入されましたが，生産現場から要望や不満等さまざまな意見が出さ

れたため，制度の基本は維持しつつ，市町村特認制度の創設等地域の実態に即した見直しが行われました。また，米価の大幅下落という状況に対応するための緊急対策が講じられるとともに，価格安定に向けて生産調整の進め方の見直しが行われました。

　WTOの農業交渉においては，各国の農業が共存できるような公平かつ公正な農村物貿易ルールの確立を図ることが重要です。それは，経済大国であるとともに貿易大国である日本の責務でもありましょう。農業経営の多角化，高付加価値化に当たっては，農林水産物・食品は国内消費向けという固定概念を打破し，海外に新たな市場を求めることが重要です。近年，世界的な日本食ブーム等を背景として，農林水産物・食品の輸出は大幅に増加してきました。人口減少社会が到来し，国内市場が成熟化するなか，農業の活力を高めるうえでも輸出の一層の促進は重要であり，農業者をはじめ関係者一体となって，農林水産物・食品の輸出拡大目標品目を決め，2013年までに1兆円規模にするという目標に向けて取り組んでいるところです。輸出額は，2007年に4,300億円に達しましたが，世界不況の影響で，2008年は4,312億にとどまりました。また，地球温暖化の進展等に対応して，循環型社会を形成するとともに，農林水産業の新たな領域を開拓していく観点から，農村の資源を有効に活用してバイオマスの利用，活用を促進する動きが拡大してきています。さらに，食料・農業・農村施策の展開に大きな影響を及ぼすWTO農業交渉や豪州をはじめとするEPA/FTA交渉が，まさに正念場を迎えているところです。

　経済社会のグローバル化が進展するとともに，少子・高齢化，人口減少社会が到来するなど経済社会構造が大きく変化しているなか，とりわけ農村を中心とする地方の再生が重要な課題となっていますが，農業や農村が有する潜在能力を最大限に引き出し，国民生活を一層豊かなものとする観点から，農林水産業と商工業等との産業間での連携，いわゆる「農商工連携」の促進による地域経済活性化のための取り組みが推進されているところです。

第7章　食と生活

さらに進んだ学習のために，ぜひ読んでください

浅子和美・篠原総一編『入門・日本経済（新版）』有斐閣，2006年
奥野正寛・本間正義編『農業問題の経済分析』日本経済新聞社，2000年
速水佑次郎『農業経済論』岩波書店，2002年

第II部
世界経済事情

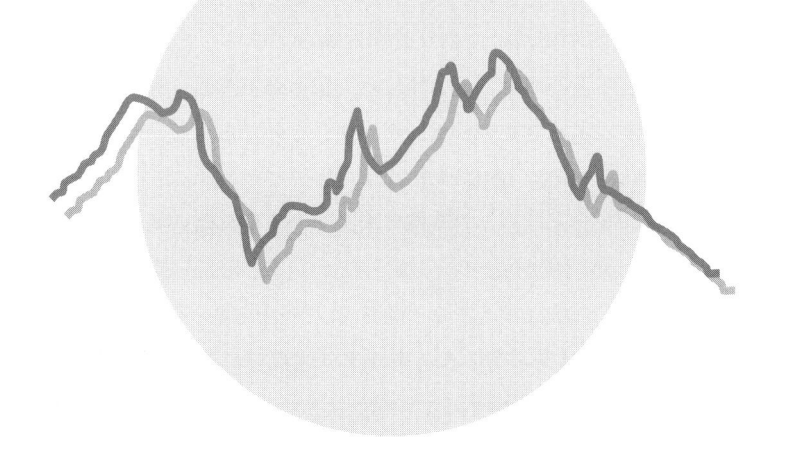

第8章

米国経済の動向

1 レーガンとブッシュの経済政策

第Ⅰ部の勉強はどうでしたか。興味をもって読みましたか。第Ⅱ部では，各国・地域の経済事情を中心に学習します。この章では，米国経済を1970年代後半から概説します。

米国経済は，ドラスティックに変化してきました。なかでも，1990年代は，日本との地位が逆転した10年間でした。読者も，この理由について本書を手がかりにして，考えてください。

1970年代後半，米国経済は深刻な状態に陥っていました。不況下のインフレーションが起こったのです。具体的には，賃金が下落し，失業が増大しているにもかかわらず，インフレーションが昂進したのです。この状況は，スタグフレーション（stagflation）と呼ばれました。

スタグフレーションとは，この時期に米国でつくられた造語です。スタグネーション（stagnation：不況）とインフレーション（inflation）が合わさってつくられました。こうした状況があまりに深刻で，米国民は，当時のカーター大統領（民主党）を信任しませんでした。カーター大統領は選挙で破れ，レーガン大統領（共和党）にその座を譲ることになります。

レーガン大統領（在任1981〜1989），それを継いだブッシュ大統領（オバマ大統領の前任のブッシュ大統領の父）は，当然，スタグフレーション，すなわち，不況とインフレーションの対策に追われることになりました。そのために，以下の政策を施行しました。これらの政策は，当時としては，非常に斬新なものでした。

①歳出削減：金利を低下させ，投資を促進させ，景気を拡大させるためでした。

② 減税：貯蓄を促進し，金利を低下させ，消費・投資を促進させ，景気拡大させるねらいがありました。具体的には，企業減税，投資税額控除，加速度償却などを実施しました。
③ 通貨供給量の抑制：インフレーションを抑えるねらいがありました。いわゆるマネタリスト的な考え方で，貨幣供給量が物価を直接的に決定するという考え方です。
④ 規制緩和

①から④までのこうした政策は，レーガノミクスと呼ばれています。さて，これらの政策は成功したのでしょうか。少なくとも，1990年代中ごろまでは，評価は低かったようです。事実，1980年代を通じて，米国経済の状況は改善されませんでした。

①の歳出の削減については，「強いアメリカ」といった標語のもとに，軍事費の拡大もあり，財政赤字は拡大，金利は上昇しました。消費・投資の減少とドル高による輸出の削減もあり，景気は拡大しませんでした。予定していた社会保障費の削減も実施が遅れました。②の減税については，消費は進みましたが，貯蓄は進まず，むしろインフレーションを加速させました。③の通貨供給量の抑制については，金利の上昇，投資の減少を招き，景気の低迷を加速させました。なお，②と関係していますが，企業優遇措置を重点的にとったことから，供給（生産）面を強化したという点で，サプライ・サイド・エコノミクスとも呼ばれています。

レーガン政権は，2期8年続きました。レーガン政権を受け継いだブッシュ大統領（同じ共和党，在任1989-1993）は，レーガン大統領の一期目に共和党予備選挙で大統領候補への座を争いましたが，その後副大統領に就任しました。ブッシュ大統領が就任した当初は，いわゆる双子の赤字（財政赤字と経常収支の赤字）が負の遺産として残っていました。ブッシュの時代の政策はレーガンと大きく変わるものではありません。財政赤字が深刻化し，増税が議論された時期がありましたが，増税はしない，歳出もインフレの範囲内に抑制するとしました。規制緩和も同様です。そして，政権末期に景気は回復の兆しを見せま

した。また湾岸戦争時には，支持率も90%程度となって，選挙まで1年を切っていたこともあり，再選は確実と見られていました。しかし，その後，大きな失政もなかったにもかかわらず，クリントン大統領（民主党）に負けることになりました。その理由としては，外交重視，内政軽視（景気は回復しても，失業率はあまり改善されませんでした）という烙印，印象が根づいてしまったことがあげられるでしょうが，クリントンが打ち出した経済政策にも原因がありそうです。次節で，クリントン大統領の経済政策を見ましょう。

> **Coffee Break**
>
> ### 15：マネーストック
>
> 2008年に日本銀行は，マネーストック（旧マネーサプライ）統計を大幅に見直しました。マネーストック統計とは，民間非金融部門（金融機関・中央政府以外の経済主体）から経済全体に供給されている通貨の総量を示す統計です。民間非金融部門が保有する通貨量の残高を集計しています。
> M_1は現金通貨＋全預金取扱機関に預けられた預金通貨（要求払い預金），
> M_2は現金通貨＋国内銀行等（データの継続性を維持することから郵便貯金などは除去）に預けられた預金（要求払い預金に定期預金等を加えたもの），
> M_3は現金通貨＋全預金取扱機関に預けられた預金です。

2　クリントンの経済政策

クリントン大統領（在任1993-2001）の政策とブッシュ大統領の政策には，顕著な相違があります。

クリントンは就任後まず，財政赤字の削減を打ち出しました。それにより，金利を下げて，投資や消費を増加させるねらいがありました。そのための手段として特徴的なのは，増税です。クリントンはこれを大統領選挙中から打ち出していました。これは，最高税率を31%から39.6%に引き上げたり，タバコ・

アルコール税，エネルギー関連税を引き上げたりするものでした。歳出の削減は，軍事費の削減というかたちで打ち出しました。増税というと，選挙戦に不利に働いたのでは…と考える読者の皆さんもいるでしょう。しかし，中低所得者層には，減税を同時に発表したのです。

これが選挙にどのように影響したかは，判断はむずかしいでしょう。注目すべきことは，民主党と共和党の政策の相違です。特に当時，共和党は富裕層からの支持，民主党は中・低所得者層からの支持が強いといわれてきましたが，ここにそれが表れたのかもしれません。軍事費の削減については，東西冷戦の終結という出来事も幸運に作用しました。

次に打ち出した政策は，公共投資の増加です。日本で公共投資というと，道路，上下水道の整備，地域振興などの諸事業などが思い浮かぶでしょう。これは，米国でも例外ではありません。

クリントン大統領の公共投資は，少し趣の異なる要素も含んでいました。産業基盤の整備に加え，生涯教育，労働者訓練などにも投資，競争力の向上や雇用の拡大をめざしたのです。研究開発に関する減税措置も実施しました。2期続いたクリントン政権の経済政策の効果は出たのでしょうか。米国経済は1990年代，拡大基調を継続します。1994年頃から大きく成長しました。この時期「失われた10年」といわれた日本とは，まったく逆の動きを見せることになりました。失業率も日本を下回りました。さらに注目すべきことは低インフレが継続したことです。

この原因としては以下が考えられます。

① 財政赤字の削減：これは金利の低下を招き設備投資や消費の増加を導きました。それに加え株式の購入により株価が上昇するという好循環も招きました。
② リストラ，情報技術（ICT：Information, Communication and Technology）革新：国際競争力の向上
③ 日本，アジア，欧州の景気低迷によるドル高：これは低インフレを招きました。輸出も減少しませんでした。

④ 原油安

1992～1999年の原油価格は1バレル20ドル前後で推移しました（2008年7月に記録した最高値は，1バレル147ドルです）。

次のブッシュ大統領はどのような政策を採ったのでしょうか。

3　ブッシュの経済政策

2000年頃から米国の景気にも陰りが出始めました。そのようななか，ブッシュ政権が誕生します。このブッシュ大統領（在任2001-2009）は，以前のブッシュ大統領の子息です。民主党候補との戦いは熾烈でした。ブッシュ大統領の経済政策の柱は，やはり減税でした。さらに，教育にも相当の財政的措置を採りました。

2001年9月には，世界貿易センターでの悲惨な事件（9.11同時多発テロ）がありました。経済活動の停滞，景気低迷が心配され，事実米国経済は厳しい状況に陥りました。原油価格の高騰や消費者心理の冷え込みも発生しました。雇用の悪化，生産・設備投資の回復の遅れ，企業会計への不信と株価の低迷も起こりました。1998年に29年ぶりの黒字になった財政収支が，2002年度から赤字になり，経常収支（第15章で詳しく説明しますが，ここでは国全体の国際間取引での収入と支出の差と考えてください）の赤字と並んで，再び「双子の赤字」に陥ることになりました。しかし，2001年のテロ直後から，ブッシュ大統領は高い支持率を保持します。そして，2003年のイラク戦争へとつながっていきました。

その後，米国経済は復活します。四半期ベースで見ると，2001年7～9月期以降，長らくプラスの成長を遂げます。そして2004年，ブッシュ大統領は再選されました。それが2007年10～12月期にマイナス成長となりました。住宅投資，設備投資，個人消費がマイナスになりました。個人消費がマイナスになったのは1991年以来で，雇用環境の悪化，原油価格上昇に伴う物価上昇が影響しました。ただし，実質経済成長率はマイナスにはなりませんでした。ブッシュ政権は，2008年2月には緊急経済対策法（Economic Stimulus Act 2008）

第 8 章　米国経済の動向

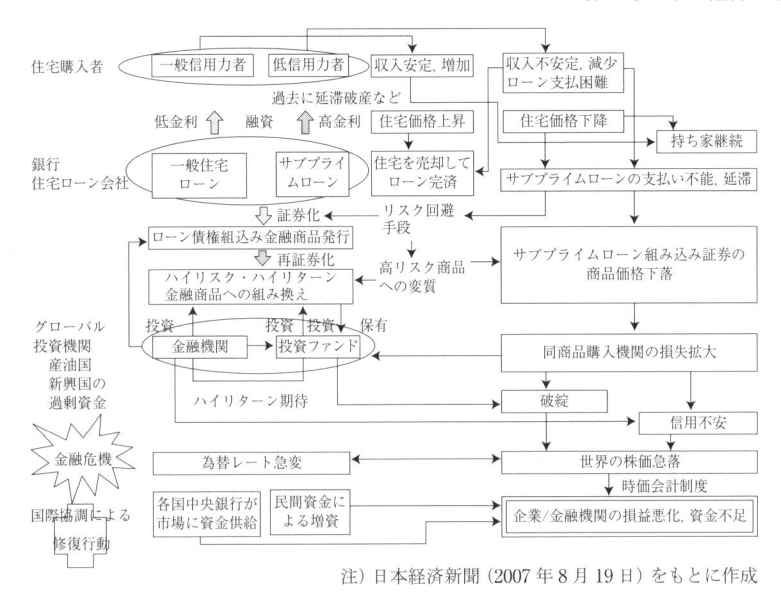

図 8-1　サブプライム問題の発生

注）日本経済新聞（2007 年 8 月 19 日）をもとに作成

を施行しました。これは 1,680 億ドルに及び，所得税の戻し減税や企業の設備投資を活発化させるための税制優遇措置からなっています。こうして 2008 年春には景気がよくなりましたが，戻し減税の終了とともに再び厳しい状況に陥りました。金融政策としては政策金利を大幅に下げています。

米国の景気後退期間は，第二次世界大戦後，平均で 10 ヶ月でしたが，今回はそれをすでに上回っています。さらに，2007 年にはサブプライム問題が発生しました。

サブプライム・ローンとは，住宅ローンなどの審査にはとおりにくいような信用度の低い個人向けローンです。この場合，主に住宅を担保とする住宅ローンに限定されていました。この債権を証券に組み入れた商品が世界で販売されたのですが，格付け機関は，住宅価格の上昇を前提に結果的に高い保証を与えていました。しかし，2007 年夏頃から，不況の影響で住宅ローン返済の延滞率が上昇しはじめ，担保となっていた住宅を手放そうにもそこに付けられた価

格が低下，住宅バブルの崩壊と不良債権の発生を引き起こしました。そして，世界中の金融機関で信用収縮の連鎖反応が起こりました。

詳しくは図8-1を参考にしてください。

4　オバマの経済政策

ブッシュ大統領は2期務め，次の大統領には民主党のオバマ大統領（在任2009〜）が選出されました。米国初の黒人系大統領の誕生となりました。オバマ大統領は，①低中所得者層を中心に減税，富裕層への増税，②イラク撤退による戦費の減少，財源確保，③失業者向け保険，医療給付の拡大，④代替エネルギー，クリーンエネルギーの開発と投資，を打ち出しました。この効果がどう出るかは，しばらく年月が経たないとわかりません。

さらに進んだ学習のために，ぜひ読んでください

上野秀夫・高屋定美・棚池康信・西山博幸『国際経済学』ミネルヴァ書房，2001年
地主敏樹『アメリカ経済論』ミネルヴァ書房，2004年
地主敏樹『アメリカの金融政策』東洋経済新報社，2006年
内閣府編『世界経済の潮流』財務省印刷局，各号（公務員受験者は必携です）
＊本章の内容は，時事性の高いものです。時々の新聞，雑誌記事も有用でしょう。

第9章

欧州経済の動向

1 EUの成立

　米国の次は，ヨーロッパです。ヨーロッパといえば思い浮かぶのは統一通貨ユーロでしょう。たしかに，ユーロは壮大な試みで世界中の注目を集めてきましたし，日本経済にも少なからぬ影響を及ぼしています。まず，欧州全体での動きを概説することにします。

　欧州統合の動きが鮮明に出てきたのは，第一次世界大戦の反省からでした。英国首相チャーチルは「ヨーロッパ合衆国」という構想を出しました。しかしフランスとドイツの政治的対立から誕生しませんでした。

　第一次世界大戦，第二次世界大戦は，ヨーロッパ諸国にも戦禍を及ぼしました。その後1957年には，EEC（欧州経済共同体）という組織が，フランス，西ドイツ，イタリア，ベネルクス3国（Benelux: Belgium, Netherlands, Luxembourg）によりつくられました。これは，英国に対抗する意味合いが強かったといわれています。それに対して英国は，EFTA（欧州自由貿易連合）を組織して対抗しようとしましたが，EECから発展したECにともに加盟することになります。

　1969年には，EMU (Economic and Monetary Union) がルクセンブルクのウェルナー首相が中心となって検討課題になりました。この頃から経済・通貨統合の話が本格化するのですが，残念ながら1971年の変動相場制導入，1973年の第一次石油ショックなどもあり実現はしませんでした。

　途中の経緯は政治的な色彩が濃いので省略しますが，1992年（発効は1993年）にマーストリヒト条約が調印されました。これは「市場」「通貨」「政治」の統合をめざす非常に画期的なものでした。それとともに，ECはEUに事実上，

移行することになりました。

　ちなみに，ECとはEEC，ECSC（欧州石炭鉄鋼共同体），EURATOM（欧州原子力共同体）という3つの共同体が，1967年に統一され用いられた名称です。

　調印した国は12ヶ国でしたが同年，デンマークでは国民投票でその批准を否決し，ショックが走りました。いわゆる「デンマーク」ショックです。その後，同国は批准を実現し，1995年にはオーストリア，フィンランド，スウェーデンの3ヶ国が加盟してEUは15ヶ国になりました。その後，2004年には25ヶ国，2007年には27ヶ国に拡大しています。さらに参加申請をしている国もあります。

　EUには，無条件に加盟できるわけではありません。EUは，1993年6月のコペンハーゲン（デンマークの首都）・サミットにおいて加盟のために必要な3つの大きな基準を設定しました。それは「コペンハーゲン基準」と呼ばれます。これらの基準は，候補国が政治的にも経済的にもEUと共通の概念をもち，単一域内市場に入った際に適応できるかどうかの判断をするために達成しなければならないものです。これらの基準が満たされない場合，EUへの新規加盟は認められません。3つの基準とは，

① 民主主義や法の支配，人権の尊重，少数民族の保護などを保証する安定的な体制が整備されている
② 市場経済の制度が定着し，EUの競争圧力と市場参加者に対処できる能力がある
③ EUの政治，経済，通貨統合の目的を遵守するとともに，アキ・コミュノテール（EUの法体系）を導入して適合する能力がある

であり，これは現在でも有効です。日本で生活しているわれわれにとってやや違和感があるかもしれませんが，新たに参加申請をしていた国々が社会主義国であったためこうした基準の必要性を呼び起こしました。

Coffee Break

16：ヨーロッパの語源

語源は，ギリシャ神話に出てくる美女の名前であったといわれています。大神ゼウスも彼女に恋をしました。ユーロは，「ヨーロッパ」から付けられた名前です。欧州統一通貨ユーロは，すでにヨーロッパの人々になじみ，さらに世界中を魅了することになりました。

問：ヨーロッパ統合に関する記述のうち，妥当なものはどれでしょう（括弧内にヒントを出しましょう）。

1　第一次世界大戦後，英国首相ロイド・ジョージの提唱により，「ヨーロッパ合衆国」構想が生まれた。しかし，フランスの対ドイツ強攻策により，欧州諸国間においては相互安全保障のための条約は締結されず，第二次世界大戦まで政治的緊張状態が続いた（本文をよく読んでください。ヨーロッパ合衆国の主張者は？）。
2　EUの起源の1つは，英国，フランス，イタリア，ベネルクス三国が，第二次世界大戦後，奇跡的な経済復興を遂げる西ドイツに対抗するため，1957年にEECを結成したことにある。西ドイツはEFTAを結成して対抗しようとしたが，EECから拡大発展したECに加盟することになった（本文をよく読んでください。EFTAでイニシアティブを握った国は？）。
3　1992年に調印されたマーストリヒト条約は，経済・通貨統合および政治統合の推進を内容としているが，同年のデンマークの国民投票の結果が僅差とはいえ同条約の批准を拒否したことは，EC加盟諸国に大きなショックを与えた。

4 EUは，EFTA諸国との間に欧州経済地域（EEA）協定を結び，その結果，EFTA諸国のうち，スイス，オーストリアおよびスウェーデンの3ヶ国が1995年にEUに加盟した（1995年にEUに加わった国は？）。
5 EUは，共通農業政策によって域内農産物の単一市場を創設した結果，加盟国全体として輸出が輸入を大幅に上回り，国際競争力を有することとなったことから，これまで徐々に減額してきた輸出補助金を1993年に全廃した（輸出補助金は存在しています）。

(公務員試験改題)

答：3

2 市場統合

次に，市場統合の動きについて説明しましょう。1985年6月，欧州委員会は『域内市場白書』を発行しました。この白書は，通貨統合に先立って行われた市場統合の完遂を目的にEC委員会によりまとめられたもので，「White Paper on the Completion of the Internal Market」が原文です。この白書はミラノ欧州理事会において承認され，欧州は域内市場完成へと動き出すことになりました。

その序文では，1992年までに単一の域内市場を実現する，市場統合によって企業の競争，経済活動を活性化させることが急務であるとし，それを実現するための計画とスケジュールを提示するとしていました。この単一域内市場の理念の源は，1958年のローマ条約に遡ることができます。そこでは単一域内市場実現のため，①財の移動に対する制限がない，②ヒト・サービス・カネの自由移動に対する障壁の除去，③市場内の競争を損なわない制度の創設，④法律の整備，⑤税の一元化を推進させるとしていました。

白書により，1985年から1992年までに非関税障壁を撤廃することになりました。GATTにより関税は大きく削減ないしは撤廃され，1990年以降は非関

税障壁の撤廃が著しく進行しました。市場統合の動きは，この白書によって加速され，企業活動は大きく変化しました。企業は，域内の生産の最適地へ拠点を集約し，鉄道設備・発電機などの製造部門でM&Aが進行することになりました。1980年代以降，米国や日本の企業進出も進みました。

さて，そもそも市場統合の目的はなんでしょうか。ミクロ的な効果としては，国境における経費の削減，規格・基準の統一などの「技術的障壁の除去」，「規模の経済の享受」があげられます（チェッキーニ報告）。マクロ的な効果としては，大域内での経済活動が活発化し，成長が見込めます。

事実，EU経済は大きく成長することになりました。EUは，1970年代以来の活性化を享受することとなったのです。市場統合は，EU経済の活性化という目的を達成したといえます。

一方で，デメリットも存在します。なかでも，競争の激化，失業の増加，ブロック化は大きな問題として提起されています。

3　通貨統合

2002年1月1日，欧州統一通貨ユーロは12ヶ国の参加を得てスタートしました。1999年に企業，金融機関のレベルで使用されていましたが，ついに消費者レベルでそれが用いられることになったのです。かつて世界を席巻したドイツマルク，フランスフラン，イタリアリラなどは，法定通貨としての価値を失いました。

通貨統合は，なぜ行われたのでしょうか。それには以下の要因が考えられます。
① 為替リスクの軽減
② 取引費用の削減
③ 金融市場の拡大（商品，サービスの開発，発展）
④ 競争の激化による商品選択肢の拡大

それに対して，デメリットも存在します。そのうち最も大きなものは，域内各国間での為替レートという政策手段の喪失です。例えば，通貨安によって輸

出の拡大をはかり景気回復を実現するといった道は閉ざされます。

　通貨統合に参加するためには為替レート，金利，インフレ率，財政赤字，累積債務についての5つの条件を満たさなければなりませんでした。

　このうち為替レートについて，若干詳しく説明しましょう。1979年に創設された制度，EMS (European Monetary System) のなかで細かい規定が定められています。そのうち重要なことは，ERM (Exchange Rate Mechanism) と呼ばれる為替レートの変動幅を遵守しなければならないことでした。具体的には，いずれの参加国2ヶ国間に対しても，変動幅（時期，通貨間によって異なりますが，2.25％，6％，15％などがありました）を遵守しなければならず，それを超える場合には，通貨当局は介入をしなければなりません。例えば円とドルが，その通貨圏に含まれていたとしましょう。そして1ドル＝100円であったと仮定します。そのとき2.25％の変動幅が許容されていたとすると，1ドル＝102円25銭までは円安になることが認められますが，それ以上に円安が進めば通貨当局は介入をしなければならなくなります。

　通貨統合の具体的な条件は為替レートを含めて以下のようになっていました。
① ERMの変動幅を2年間遵守
② 長期金利が最も物価が低い3ヶ国の金利の平均より2％を上回っていない
③ インフレ率がそれが最も低い3ヶ国の平均値よりも1.5％を上回っていない
④ 財政赤字がGDPの3％以内
⑤ 累積債務がGDPの60％以内

　参加各国は，こうした厳しい条件をクリアして通貨統合にたどり着いたのです。このうち，最も達成が厳しかったのは財政赤字でした。現在の日本は，到底通貨統合に加わることはできません。2007年には4％まで下げたものの，累積では180％に及んでいます。それほど財政赤字は深刻なのです。

　欧州の参加各国では，それだけ厳しい構造改革がなされたことを付記しておきます。ただ1993年以降には為替レートの変動幅を±15％とし，財政赤字と累積債務についての基準を緩和するなど，若干の見直しがあったのも事実です。

第9章 欧州経済の動向

> **Coffee Break**
>
> **17：最適通貨圏の理論**
>
> 　共通通貨の導入に参加するかどうかは，各国にとって大きな問題です。その際に理論的な観点から考察されるのが，最適通貨圏 (optimum currency area) の理論というものです。その1つは労働の移動性です。マンデルという人によって主張されました。労働の移動性が活発に行われている国では，為替レートの調整に頼ることなく，各国間の非対称的なショックを吸収できます。次に，マッキノンにより主張された経済の開放度です。貿易において経済が開放されていると，通貨が統一されていても，貿易によってショックが吸収されます。対称的なショックです。非対称的なショックが起こらないならば，共通通貨の導入は可能でしょう。3つめは財政移転です。国際的な財政移転が可能であれば，非対称的なショックを吸収することができ，最適通貨圏を構成できます。日本はどうでしょう。この理論から考えるとすれば，あまりメリットはなさそうです。

4　ユーロ導入と今後

　EU原加盟15ヶ国のうち，英国，デンマーク，スウェーデンを除く12ヶ国で，各国通貨からユーロへの切替えは完了し，ユーロの流通，使用が始まりました。当初，つり銭のトラブル，便乗値上げ，偽造なども一部であったようですが，予想以上に順調，迅速に浸透，大きな問題は発生していませんでした。硬貨の種類の多さと，紙幣の大きさに戸惑いと不評が伝えられましたが，徐々にわずらわしさから解放されたようです。ユーロは，円を凌ぎ，ドルに次ぐ通貨・経済圏で使用されることになり，世界の政治，経済に対する影響は大きくなっています。

　通貨が1つになることで，金融政策は一元化されます。金融政策の施行についてはECBがその役割を担っています。ECBは，各国の中央銀行から権限を委譲されて，物価安定を第一目的とし，現在，消費者物価（調和）指数で年2.0

％を目標値として運用されています。政策上の柱は通貨供給量の伸びとインフレ予想であり，政策の手段は公開市場操作が中心となっています。

　英国では，ユーロを自国通貨として認めてはいません。デンマークは，2000年9月の国民投票でユーロへの参加を否決しました。スウェーデンでも，国民の不支持は根強いようです。

　最近の欧州経済の動向はどうでしょうか。2000年代半ばには不況に見舞われました。2008年夏の金融危機はEUにも深刻な状況を招きました。2009年1月のユーロ圏の失業率は8.2％と，2006年8月以来の高率となりました。不動産価格が暴落したスペインやアイルランドに加え，ドイツ，フランスなどの主要国でも雇用は厳しい状況となりました。EU27カ国の失業率は7.6％であり，バルト3国やハンガリーでの上昇が目立ちます。世界的な景気減速で欧州の域内貿易の減少が著しく，製造業で人員整理が起こっています。2008年9月のリーマン・ブラザーズの破綻以降，欧州では金融危機が発生し，金融機関の経営状況が悪化，金融機関の国有化や公的資本の注入などが行われています。アイスランド，ウクライナ，ハンガリーでは，IMFからの援助を受けることになりました。この不況のきっかけとなったのは，住宅バブルの崩壊，消費の低迷，輸出の減速などにあるといわれています。今後の動きに注視が必要です。

　ユーロと経済状況の関係がはっきりするには，しばらくの時間を要するでしょう。マクロ変数の平準化は導入各国でなされましたが，インフレ率や財政収支をみると，状況が芳しいとはいえない国も存在します。域内の価格差も存在します。貿易におけるユーロの使用状況は，少なくとも飛躍的に上昇したことはなさそうです。ユーロ導入が域内貿易の発展にどの程度貢献したかは不明です。けれども，EUの拡大とともに，ユーロの国際通貨としての役割は高まっていくことは容易に想像されます。国際通貨を国際取引や為替取引に使用される通貨と定義すれば，ユーロはドルと並ぶ世界有数の通貨です。ドルのような世界的な広がりはないにしても，周辺国での定着，使用は進んでいるのです。アフリカ諸国はその典型的な例です。ECBへの信用度も高いようです。事実，外貨準備や決済に用いられる比率はドルに劣るものの，比率は増加しつつあり

ます。ドルの信認が落ちれば，ユーロの使用が増えるでしょう。米国はドル安を放置できなくなり，それは米国の経済政策に縛りを与えるという見方もありますが，通貨の一極体制よりはのぞましい状態になるといえるでしょう。

　今後注目されるのは，EU 加盟国ながらユーロに参加しなかった3ヶ国の動向とあわせ，中・東欧諸国への広がりでしょう。2002 年には，中・東欧の 10 ヶ国が EU 加盟を事実上認められました。そして 2004 年5月には，EU はこれら 10 カ国 (チェコ，ハンガリー，ポーランド，スロヴェニア，スロバキアの中欧諸国，エストニア，ラトビア，リトアニアのバルト諸国，キプロス，マルタの地中海諸国) を加え，25 カ国になりました。2007 年にはブルガリアとルーマニアが加盟し東西ヨーロッパの統合が実現しました。申請国は EU に加盟しても，すぐにユーロに参加できるわけではありません。受入れ国の増大は，既存諸国にも影響を及ぼします。経済状況が芳しくない国，通貨価値が大きく変動していたり下落傾向にあったりするような国の参加は，既存の参加国に悪影響を及ぼすことはいうまでもありません。金融政策の遂行が困難になることも考えられます。ECB はインフレファイター的な政策を指向しており，その点から矛盾が出てくることも考えられます。しかし加盟国の増大は，EU にとってマイナスの影響ばかりではないでしょう。米国に匹敵する大規模な経済圏が構築され，市場が活性化されて競争力が増す可能性があります。また加盟交渉国の潜在的な可能性も否定できません。大欧州圏，大ユーロ圏に成長するか否か，注目されます。

　問題もあります。世界の市場の中心は，コンピュータ，半導体などのいわゆるハイテク産業などです。資本集約的な産業での雇用の増加は大きく，労働集約的な産業のそれは小さいのです。欧州にとって失業の問題は，長年にわたり大きな課題です。前者の産業に特化，集中している国ほど，高成長，輸出の増加，そして雇用面でも利益を得ることになる図式が世界ではできあがっています。欧州の輸出の中心は伝統的に低賃金や労働生産性の低い産業が中心になっています。それは他の製造業やサービス産業にも影響を及ぼすことになります。サービス産業は，現況において高いテクノロジー分野と密接にかかわっていま

す。EU は，現時点で米国や日本に遅れをとっているのです。そしてアジア諸国の追い上げも激しいのです。

Coffee Break

18：財政政策と欧州経済

　ユーロ圏は，順調に成長しているのでしょうか。ユーロ導入との関係は不明ですが，必ずしも順調とはいえないようです。投資はマイナスで，消費も堅調とはいえません。株安，なかでも ICT 関連株式の価格下落も深刻です。期待されているのは，輸出の回復，デフレによる消費の増加でしょうか。ECB は 2001 年から 2002 年に 4 度にわたり政策金利を引き下げていますが，目標とするインフレ率との絡みもあり，むずかしい政策運営を強いられています。ここで問題になるのが財政政策です。すでに説明したように，ユーロ圏では財政赤字比率を対 GDP 比率で 3％以内に抑えなければなりません。大国ドイツでも危機的な状況に陥っています。たばこなどへの付加価値税増税などの増収措置をとったにもかかわらず，厳しい状況が続いています。2002 年の景気減速，同年に起こった洪水被害に対する復興費の支出などもあり，「協定」の適用の可否をめぐって議論が起こっているところです。結局，2002 年の財政赤字（対 GDP 比率）は，ドイツが 3.7％，フランスは 2.8％でした。そこで EU 財務相理事会は，ドイツが財政基準を破り，フランスが破りつつあるとして，2001 年のポルトガルに次いで，是正勧告を行いました。この財政基準は，財政安定化・成長協定の一環で，財政赤字が GDP の 3％を超えた場合，財務相理事会が是正策を指示します。もしそれに従わない場合，GDP 比で最大 0.5％の罰金を科すことになっています。これに対して各国は独自の経済政策を摘み取るものとして，不満が高まっているのです。

問：以下の記述のうち，正しいものはどれでしょうか。

1　EMS とは，1949 年，EC 委員会委員長であったウェルナーの報告に

よって提案された経済・通貨連合において，その第二段階で設立される予定であったEC中央銀行総裁評議会の別名であり，これにより域内通貨の変動幅縮小が図られ，第三段階では為替の固定と単一通貨の発行が行われる運びとなっていた（EMSの設立は何年？）。

2　EMSとは，1959年に提出されたドロール委員会報告に基づいて実施されるにいたった共同体域内の固定為替相場制のことをいい，対ドル相場よりも狭い変動幅を域内の通貨に要求したことから，別名「トンネルの中の蛇」と呼ばれた。

3　EMSとは，1969年に西ドイツのアデナウアー首相とフランスのド・ゴール首相によって提案され，それ以降EC域内に適用された固定為替相場制のことをいい，対ドル変動幅よりも広い変動幅を域内の通貨に適用したことから，別名「トンネルから出た蛇」と呼ばれた。

4　EMSとは，1979年に発足したEC域内の通貨を2つの変動幅で固定しようとする通貨制度のことで，これによりEMS参加国は，為替の変動が為替相場メカニズム（ERM）で定められた限度を逸脱する場合に，為替市場に介入することが義務づけられた。

5　EMSとは，1982年に調印されたマーストリヒト条約によってその創設がうたわれた通貨制度のことで，ECBと各国の中央銀行が協調して域内における一元的な金融政策と為替操作の実施を行うことにより，国際金融市場においてドルに次ぐ地位を占めるようになった。

(公務員試験改題)

答：4

さらに進んだ学習のために，ぜひ読んでください

伊藤隆敏・小川英治・清水順子『東アジア通貨バスケットの経済分析』東洋経済新報社，2007年

上川孝夫・藤田誠一・向井壽一編『現代国際金融論』有斐閣，2007 年
小川英治編『EU スタディーズ(2)』勁草書房，2007 年
栗原　裕『EU 通貨統合の深化と拡大』中日新聞社，2000 年
島野卓爾『欧州通貨統合の経済分析』有斐閣，1996 年
高屋定美『EU 通貨統合とマクロ経済政策』ミネルヴァ書房，2009 年
田中素香・藤田誠一・春井久志編『欧州中央銀行とユーロ』有斐閣，2004 年
田中素香『拡大するユーロ経済圏』日本経済新聞社，2007 年
田中素香『ユーロ　その衝撃とゆくえ』岩波書店，2002 年
田中素香編『EMS：欧州通貨制度―欧州通貨統合の焦点―』有斐閣，1996 年
内閣府編『世界経済の潮流』財務省印刷局，各号（公務員受験者は必携です）
村本孜編『グローバリゼーションと地域経済統合』蒼天社出版，2004 年
藤原秀夫・小川英治・地主敏樹『国際金融』有斐閣，2001 年
欧州委員会駐日代表部のホームページ

第 10 章

アジア経済の動向

1 アジア発展の動機

　アジアが発展しているという見方に異論はないでしょう。一口にアジアといっても多種多様にわたり，国，地域，時期によっても状態はかなり異なります。1つにまとめて論じるのは危険ですが，あえて発展の理由を述べるとすれば，政治の安定，資本・技術の導入，高い貯蓄率，円高による日本企業の進出，勤勉な国民性をあげることができるでしょう。

　従来の発展国は NIEs (Newly Industrializing Economies：新興工業地域) 諸国, すなわち，韓国，台湾，香港，シンガポールでした。これら諸国は，四小竜国などといわれていました。それに対して近年は，ASEAN (Association of South-East Asian Nations) 東南諸国連合 (タイ，インドネシア，マレーシア，フィリピン，ブルネイ，シンガポール，ベトナム，ラオス，ミヤンマー，カンボジア) が発展の中心になっています。ASEAN は，1967 年に 5 ヶ国でスタートしましたが，順調に発展しています。そこでは自由貿易をめざした AFTA (アジア自由貿易地域) を 1993 年に形成，関税を 5 ％以下にする計画が立てられ，2002 年に留保，除外項目を除いて，一応の完成が見られました。ASEAN のうちマレーシア，タイの成長は，目覚ましいものがあります。きっかけとなったのは 1985 年のプラザ合意で，円高の加速により賃金が安いこれらの諸国に日本企業の海外進出が進んだのです。

　APEC 諸国も同時に発展しました。APEC は，日本，米国，カナダ，オーストラリア，ロシア，中国，韓国，シンガポールなどが加盟して 1989 年に設立されました。2009 年 5 月現在，21 ヶ国・地域が参加しています。これは貿易，投資の自由化をめざすもので，先進国は 2010 年までに，途上国は 2020 年まで

に自由化を実現することが決まっています。最近では，電子商取引，法制度，中小企業・新規事業支援など具体的な問題を設定して議論を進めています。

Coffee Break

19：世界の経済圏

　1980年代から現在まで，国際経済，なかでも貿易面での大きな出来事は何でしょうか。1つはウルグアイ・ラウンドの締結，もう1つはさまざまな経済圏ができあがったことだと思います。

　欧州ではEUが成立，EEA（欧州経済地域），CEFTA（中欧自由貿易協定）が存在しています。北米では，米国，カナダ，メキシコの3ヶ国がNAFTAを成立させました。南米ではメルコスール（MERCOSUR：南米共同市場），中米ではCACM（中米共同市場），ANCOM（アンデス共同市場），アジアではAFTA，SAPTA（南アジア特恵貿易協定），大洋州ではAPEC，CER（オーストラリア・ニュージーランド経済関係緊密化協定）などがあります。さらに，NAFTAとEU，EUとアジア地域との提携，協調の話ももち上がっています。日本でも最近の動きは急です。シンガポールとは，2002年「日・シンガポール新時代経済連携協定」を結び，メキシコとは2005年にFTAが発効しました。韓国とは2003～2004年，6回にわたりFTA交渉が行われましたが中断，再開にむけた交渉中です。2007年には，ASEANと包括的経済連携（AJCEP）協定の交渉が妥結しました。タイとは2007年に，スイスとは2009年にFTAが締結されました。オーストラリアとは共同研究会で交渉が継続中です。

　こうした経済圏，FTA（自由貿易協定）は，消費者に安価，良質な品の輸入を可能とし，輸出業者も輸出拡大の機会を得られますが，域外国からの貿易に制約が加えられ，域内貿易に切り替えられるので，マイナスの貿易転換効果が働くこともあり得ます。1930年代の国際的不況を加速させた元凶ともいわれました。GATTは，その反省に立って創られました。1990年代以降，そうした声は上がっていません。経済圏地域が相互に重なり合っているためか，域外との貿易や投資にも確実にプラスの影響をもたらしているようで，むしろWTOの機能を補って，貿易や投資の活性化に役立っていると考えるのが一般的な見方です。

2 アジア通貨危機

通貨危機は一般に固定相場制を採用している国で，投機や経済状況の悪化などにより資本の急激な流出が起こり，経済が混乱するような状況を指します。多くの場合，変動相場制に移行することになります。例としては1980年代の中南米，1992年から1993年にかけての欧州，1994年のメキシコ，1997年から1998年のアジア，1998年のロシアなどがあげられています。

まずは，通貨危機の理論を学習しましょう。

1980年代の通貨危機は第1世代通貨危機理論で説明されることが多いです。巨額の財政赤字の存在，それをファイナンスするために生じたマネーストック（マネーサプライ）の増加，さらにこのような状況で固定相場を維持させようとするための外貨準備の急激な減少によって，通貨危機，すなわち通貨の大幅な減価が発生します。ラテンアメリカが典型例です。

第2世代通貨危機理論は，こうした状況での政府による施策が検討されます。通貨投機に対抗するための外貨準備を国際金融市場で借り入れる，金利を上げる，財政赤字を縮小させる，資本規制を実施するなどのオプションが検討されます。しかしそれにはコストがかかります。したがって固定相場を維持するか否かは，費用・便益を比べた上になります。1992年から1993年の欧州通貨危機がこの代表例であるといわれています。

第3世代通貨危機理論は，金融危機と通貨危機の関係を重視する分析です。アジア通貨危機はその例です。

Coffee Break

20：固定相場制と変動相場制

読者の皆さんの多くは，固定相場制といわれてもイメージがわいてこな

> いかもしれません。1949年から1971年（変動相場制に移行）までは，1ドル＝360円の固定相場制の時代でした。固定相場というのも驚きならば，360円という値も考えられないかもしれません。海外旅行に行くのも大変です。固定相場制というのは，通貨当局があらかじめアナウンスした為替レートで自国通貨を外国通貨などに固定する制度です。外国通貨にはドルの場合もあれば，SDRといった通貨や複数通貨の合成された通貨バスケットに固定するケースもあります。固定相場制には，為替レートの安定性というメリットもあれば，インフレが起こりにくい国の通貨を固定すれば，インフレーションが起こりにくく，信用が増すこともあります。これに対して変動相場制には，国際収支を調整する必要がないこと，金融政策の自由度が高まること，投機が起こりにくいといわれています。通貨危機などの例はそれを物語っています。しかし資本移動が活発に起こる状況下では，投機の安定性というメリットを享受しているかどうかは疑問です。ここで固定相場制と関連して，カレンシーボード制度を紹介しましょう。この制度は国内に流通する自国通貨に見合っただけのドルを中央銀行が保有する制度です。その結果，信認がもたらされます。アルゼンチン，香港などで採用されています。

1997年，タイで始まったアジア通貨危機は皆さんの記憶に新しいと思います。これは同国にダメージを与えただけでなく各国に飛び火しました。その原因は，以下のとおりでした。

(1) 為替レートの過大評価

1995年からドル高が起こりました。それに対してアジア各国の通貨はドルにペッグ，すなわちドルに自国通貨の価値を結びつけていました。正確にはドルだけではないのですが，ドルを中心とした通貨バスケットにペッグしていたのです（割合は多くの国で公表されず）。ゆえに，過大評価が起こりました。

(2) 米国の好景気

米国政府が景気を冷ますためにとった政策によって，高金利が発生し債務の返済が困難になりました。

(3) 景気の悪化

　通貨価値が実質的に下落しました。米国を除く先進国は不況で低金利でしたので，特にタイは相対的に高金利となって，資金流入（短期で引上げが可能でした），無理な投資（不動産，株などのバブルの発生）が行われ，その後に株離れが起こり不良債権が発生しました。これらの原因により通貨切下げが予想され，バーツ離れが加速して変動相場に移行しました。

　タイと同じ問題をかかえると，判断されたアジア諸国からも資金の引上げが起こりました。タイにはじまり，1997年にはフィリピン，インドネシアが変動相場制に移行しました。インドネシアでは，スハルト政権の崩壊にもつながったといわれています。韓国でも株式市場の下落が起こりました。

　これによってタイ，韓国，インドネシアは，1997年，IMFに緊急融資を要請しました。それに対してIMFは，経済引締め政策，経済の自由化，規制緩和などを要求しました。韓国の財閥，インドネシアのファミリービジネスなどについても改革を要求されました。

　ただし，回復は予想よりも早まりました。代表的な例は，韓国で，1998年以降，経済は大きく成長し2002年の成長率は6.0％でした。民間消費にやや陰りがでたものの輸出でそれを補いました。インドネシアは，IMFの支援をきっかけにスハルト政権が崩壊するなど，韓国より厳しい状況で，2002年の成長率は3.5％でした。2002年にバリ島で起きた爆弾テロ事件は観光，消費だけでなく，投資の減少も起こりました。タイは米国経済に依存するところが大きく，中国のWTO加盟により輸出が競合する危険性も危惧されました。

3　通貨危機後の推移

　アジアは通貨危機によって大きな打撃を受けましたが，2003年に入ると緩やかながらも総じて拡大基調に入りました。しかし，物価面には，一時的に大きな問題が生じることになりました。中国，香港，台湾，シンガポールではデフレ傾向になり，日本でも緩やかなデフレが続きました。他方，韓国，インドネシア，タイは通貨危機を経験しましたが，通貨を大幅に切り下げ，大胆な構

造改革を実施することによって回復を実現しました。これらの国では，デフレは生じませんでした。このデフレは，一時期深刻視されましたが，世界経済の回復，成長とともに，軽微な問題となりました。

　韓国では，ウォンの増価にもかかわらず堅調な海外需要などを背景に，IT関連財や船舶，自動車等を中心に輸出が拡大しました。台湾は，韓国同様IT関連財などの輸出の緩やかな増加と，民間投資等の内需の堅調な伸びに支えられてきました。内需の増加は収まってきましたが，輸出が牽引役になりました。香港では，外需が深刻な影響を受けた米国向けの輸出の伸び悩みから低調に推移してきましたが，内需が好調でした。ASEAN各国は，欧州向けなどの輸出が比較的堅調に推移してきました。シンガポールでは，IT関連財の輸出の伸びが緩やかとなったものの，医薬品を始めとした非IT関連財の輸出が力強い伸びをみせました。また，民間消費や建設投資，設備投資などの内需も活発でした。タイでは，民間消費や民間投資などの内需は政情不安等から停滞してきたものの，政府支出と輸出が景気を下支えしてきました。マレーシアでは，内需を中心に景気が拡大してきました。フィリピンでは，好調な輸出などにより，順調な成長を遂げました。インドネシアでは，民間消費などの内需が景気を牽引してきました。

　しかし，2008年には異なった様相を見せます。世界経済減速の影響を受け，中国以外のその他のアジア諸国においては，景気減速が鮮明になってきたのです。程度に差はあるものの，NIEs，ASEAN諸国においても景気の減速が現れてきました。特に韓国や台湾，シンガポールの資源小国では，景気減速が鮮明となっていますが，資源国であるタイやマレーシアは世界経済減速の景気への影響は比較的小さなものとなっています。

　各国は，相次いで景気対策を打ち出しています。アジア地域は輸出依存度が高いのが特徴で，今後のアジア経済をみるに当たっては輸出動向を注視していくことが重要です。

4　中国経済の現状

中国経済の発展が始まったのは，1980年代中頃からです。計画経済（価格，生産量を政府が決定）から市場経済へ移行すること，外国の資本（企業，資金），技術の導入をはかること，生産請負制が導入されました。中国経済が目覚ましく発展したのは，1990年代です。1992年には，市場経済の導入が図られました。1996年には第9次五ヵ年計画により，計画経済から社会主義市場経済への移行が明確になりました。2001年にWTOへの加盟を果たしました。国有企業についても中小規模のものは非国有化が進み，近年ではハイテク製品のシェアも拡大しています。ハイテク製品の多くは外資系企業によるもので，「世界の工場」などといわれる所以です。

中国経済の発展には，以下の要因を考えることができます。

(1) 直接投資の流入

市場経済的な制度の導入が，主に非国有部門の資本形成に貢献しました。外資系製造業への各種優遇措置（国内企業よりも大幅に低い法人税，関税率，輸出比率や現地調達比率を要求しないなど），加工，組立型の企業の進出を促進させました。

(2) 技術移転

これにより生産性が向上しました。近年ではハイテク製品などの輸出も増加しています。表10-1は，中国の輸出構造です。

(3) 経済的条件，特に低賃金

直接投資を決定する際に経済的条件は，最も重要な要素です。

問題点も顕在化してきました。主なものは以下のとおりです。
・物価が不安定：一時期はインフレが深刻でした。しかし，1993年から引締め政策がとられ1995年ごろから沈静化に向かいました。

表10-1 中国の輸出構造

(%)

	1985(年)	1990	1995	2000
世界	1.6	2.8	4.8	6.1
一次産品	2.4	2.6	2.5	2.3
天然資源加工製品	1.1	1.3	2.1	2.7
工業製品	1.5	3.4	6.1	7.8
うち低位技術製品	4.5	9.1	15.5	18.7
うち中位技術製品	0.4	1.4	2.6	3.6
うちハイテク製品	0.4	1.4	3.6	6.0
その他	0.7	0.7	1.4	1.8

出所) UNCTAD "World Investment Report 2002"

- 貧富の差の拡大：個人差はもとより都市部と農村部，沿岸部と内陸部で深刻です。2005年のデータでは，最も高い上海と最も低い貴州省で給料に約10倍の差があるようです。これに対して中国政府は，「西部大開発」などの策を講じています。
- インフラ不足：鉄道，道路，空港，港，通信などの遅れが指摘されています。
- 環境問題：エネルギー効率の悪さ，大気汚染，水資源の劣化が顕在化しつつあります。外国企業が進出しても，税法の急な改正により撤退を余儀なくされるケースもあります。なかでも，付加価値税の取扱い，設備・機械輸入の免税撤廃問題，輸入関税率の高さなどが問題となってきました。

2001年末，中国のWTO加盟が認められました。外資系企業の進出，輸入関税率の引下げ，非関税措置の削減・撤廃にどのように対応するかが課題です。これには，中国製品の販路の拡大，外国製品の価格低下，国内企業の国際競争力強化といったメリットがありますが，国内産業の保護といった点から危惧が出ています。中国は加盟にあたり，財，金融，サービスなど，多くの約束を課せられることになりました。しかし2005年には自動車に残っていた輸入数量制限を撤廃，関税でも目標を達成しています。流通分野では卸売，小売の出資比率制限や地理的制限が撤廃，保険分野でも地理的制限が撤廃されました。銀行についても開放が進んでおり，2006年12月には，外資銀行に国内の人民元

業務が全面開放されました。

　電気機器の分野で，東アジア各国が部品等の中間財を中国に輸出し，中国国内で組み立て，先進国市場へ輸出するという東アジアの分業体制が深化，また，中国の投資・生産拡大に伴う資本財や中間財等の輸出の増加を通じて，周辺諸国の成長に対する好影響が指摘されるようになりました。一方，中国はこれまで労働集約型の成長を遂げてきましたが，労働コストの優位性が失われつつあるなど，産業の高度化が課題となるでしょう。

　中国経済は大きな成長を続けてきましたが，2008年には一けた台の伸びへ鈍化しました。鈍化傾向が現れてきた要因としては，何よりも世界経済の減速があげられますが，2007年後半から金融政策などの引締め，輸出抑制策の影響による輸出の減速，そして一時的な要因として，四川大地震などの大きな災害，北京オリンピック開催に伴う大気汚染浄化のための工場の操業制限などの影響があったことが考えられます。

　中国政府は，景気の拡大に陰りがみえるなか，物価上昇率の低下も背景に金融政策を緩和に転じ，2008年9月には6年7ヶ月ぶりとなる政策金利の引下げを実施しました。また，財政の発動も行いました。

Coffee Break

21：中国に関するデータ

　「中国に関するデータはどこで集めればよいのですか」という質問を受けたことがあります。最近はかなり充実したデータを入手できるようになっています。IMF，World Bankなどはもちろんですが，以下，中国独自のデータが発表されているものを紹介しましょう。

中国統計年鑑：最も詳しいものです。データは確定値です。毎年9月に発表されます。

中国統計摘要：上の速報版と考えてください。

中国経済景気月報：月次データの入手に有効です。

その他，中国人民銀行統計季報，中国金融年鑑も有用です。

さらに進んだ学習のために，ぜひ読んでください

小川英治編『アジア・ボンドの経済学』東洋経済新報社，2008 年
経済産業省編『通商白書 2002』〜『通商白書 2008』
小浜裕久・深作喜一郎・藤田夏樹『アジアに学ぶ国際経済学』有斐閣，2001 年
鮫島敬治・日本経済研究センター『中国　WTO 加盟の衝撃』日本経済新聞社，2001 年
内閣府編『世界経済の潮流』財務省印刷局，各号（公務員受験者は必携です）
吉野直行編『アジアの金融市場』慶應義塾大学出版会，2005 年
渡辺利夫編『中国の躍進　アジアの応戦』東洋経済新報社，2002 年

第11章

日本経済の動向

1　バブルの発生

　この章では，日本経済を扱います。本のタイトルにもあるように，世界との接点を意識しながら勉強しましょう。説明の際に，ことさら他国とのつながりを強調したつもりはありませんが，多々出てきます。特に，現在の日本経済の状況について，なぜ不況が起こったのか，なぜそこから脱出できないのか，読者諸君が自分の考えをもって説明ができるようになることを望みます。今まで，かなりのことを勉強してきました。この章は，皆さん自身がエコノミストになって，政策のデザインを思い描いてください。

　1980年代，日本は世界経済を席巻していたといっても過言ではないでしょう。銀行の資産残高を見ても日本の金融機関が上位に並ぶという状況でした。「もはや米国から学ぶべきものはない」といった雰囲気が蔓延していたと思います。エズラ・ボーゲル氏のジャパン・アズ・ナンバーワンという本がベストセラーにもなりました。

　興味深いのは，豊かさを実現しても国民の勤勉性は失われなかったことです。都市化が進んでも犯罪率は上がりませんでした。学歴による所得格差が小さいのに，高等学校，大学進学率は下がりませんでした。就職にも意欲が高かったように思います。

　急激な経済成長のきっかけとなったのは，バブルの発生でした。バブルのきっかけは，日本から米国への急激な輸出増加であったということが，通説になっています。当時「打ち壊し」などといって，米国の各地の広場などで日本製の自動車を叩き壊すような光景がテレビで流されました。

　1985年プラザ合意が成立し，実質的な円高誘導がされました。すると，金

利の低下と物価の下落が起こりました。ここでいわゆる「カネ余り」と呼ばれる現象が起こり，そのカネは土地や株式に回り地価や株価の異常な騰貴を招きました。一時的に円高不況と呼ばれる現象が起きましたが，地価や株価の下落，ましてや著しい景気の後退を招くことはありませんでした。

株価を例にしますと，1989年末の日経平均株価は3万8,915円87銭と，史上最高値を記録しました。それに対して，2009年1月には，ついに1万円を切る事態にもなりました。

Coffee Break

22：今日の為替レート

就職試験の面接などで，「現在の為替レートは」と聞かれることがあります。私は大まかなこと（ここ1週間程度の値）をいうことができれば，十分だと思うのですが，そうもいっていられません。朝刊を見て，対米国ドルの為替レート，日経平均株価が答えられるようにしておいてください。さりげなく答えることができるといいですね。

2　バブルの崩壊

もちろん，政府も手をこまねいていたわけではありません。1989年からは公定歩合の引上げや不動産関連融資の総量規制が行われました。いまでは，それがあまりに急で厳しいものであったというのが通説です。バブルは，徐々に崩壊しはじめました。バブルの崩壊は，1990年代における最大の不況の原因でしょう。金融機関は融資した資金の回収が困難になり，不良債権の増大を招くことになりました。不良債権の問題は今日にいたっても厳しい状況が続いています。

バブルの崩壊以外にも悪いことが重なりました。1994年から1995年には米

国経済の弱体化から円高が起こり，輸出の減少を引き起こしました。企業はバブル期の過剰な設備投資に悩まされることになりました。銀行は，不良債権の発生もあり一転して貸し渋りに走りました。消費者は，先行きへの不安もあり消費を控えました。

Coffee Break

23：整理回収機構

 破綻した金融機関の受皿銀行として 1996 年に設立された「整理回収銀行」と，経営が行き詰まった住宅金融専門会社の営業を引き継ぐため同年に設立された「住宅金融債権管理機構」が合併し，1999 年 4 月に預金保険機構の全額出資子会社として発足しました。公的資金を投入された破綻金融機関や旧住宅金融専門会社の資産の整理，回収と，健全金融機関からの不良債権の買取り，処分を主要業務とする公的サービサーです。破綻先金融機関の経営者責任の追求や罰則つきの調査権限などを保有することも認められています。2001 年には，機能強化が図られ，信託業務の兼営と信託方式での不良債権の引受け，健全な金融機関からの不良債権の買取期間延長（3 年），企業再建に特化する部署の新設，セキュリタイゼーション（証券化）の促進などが実現しました。さらに時価での債権購入と，不良債権売買に関する入札参加も認められました。

3　未曾有の不況

　政府はそれに対して大規模な公共投資など財政政策を実施し，あわせて減税も実施しました。公定歩合も過去最低値を断続的に更新するなど金融緩和を実施しました。企業もリストラを敢行しました。

> **Coffee Break**
>
> ### 24：基準割引率・基準貸付金利
>
> 　日本銀行が民間銀行に貸し出すときに適用される金利です。貸出しは，国債や手形などを担保として行われます。銀行は一般預金者からだけでなく，中央銀行からも貸出しを受けています。この際の金利が公定歩合なので，公定歩合の変動は銀行の企業などへの貸出金利に連動すると考えられています。こうした性質を利用して，公定歩合は金融政策の重要な手段の一つとして用いられていました。例えば，不景気の時には公定歩合を引き下げて景気を活性化させ，景気が過熱してインフレーションが懸念される時には公定歩合を引き上げて景気を抑制することによるコスト効果の他，公定歩合操作が金融政策の基本的スタンスを示すものとして注視されることによる，アナウンスメント効果を有するものとされてきました。1994年の金利自由化により，日本銀行は公定歩合適用の日銀貸出を金融調節の手段としないことを明言したため，公定歩合の金融手段としての地位は大きく後退しています。公定歩合はもともと法律に規定されているものではありませんが，日本銀行は現在，基準割引率・基準貸付金利という表現を用いています。

　こうした効果が現れたのでしょうか，景気は1993年から1996年にかけて回復の兆候を見せはじめました。しかし，橋本内閣は消費税率の引上げ，公共投資の削減，医療費の引上げなどを実施しました。1997年の消費税アップ（3％→5％）を前にした駆け込み需要もありましたが，運の悪いことは重なることが多いもので，1997年にはアジア通貨危機が起こり，山一證券や北海道拓殖銀行が破綻し，金融問題，不良債権問題がクローズアップされました。

　このとき，バブルの傷跡が治癒されていれば，問題はなかったのかもしれませんが，当時は宮澤内閣が崩壊し自民党が下野，細川内閣が登場するなど，政治に目が奪われ，経済問題への関心が低い状況でした。1995年には阪神大震災が発生，さらに経済への打撃が加わりました。

　結局，残ったのは巨額な不良債権と財政赤字でした。消費は増加せず，物価

の下落→企業収益の低下→失業者の増加・所得の減少→さらに物価の下落という，深刻な「デフレ・スパイラル」状態に陥りました。

　株価も深刻でした。バブルの最盛期1989年末には日経平均株価は3万8,915円87銭と，史上最高値を記録しました。それに対して，2001年には，ついに8,000円を割る，予想もされなかった惨憺たる状況に陥りました。バブル期以降，証券会社の不祥事から株式取引が敬遠された時期や，金融機関の株式持ち合いが株価低迷の原因として指摘されたこともありました。諸外国と比べて株式取引の規制緩和が遅れた事情もあったかもしれません。しかし，それらが直接株価低迷につながっていたとは断定できません。相次ぐ倒産などによる企業収益の低迷と，高い信用リスク（クレジット・リスク）など，先行予想へのマイナスの評価が低迷の原因としてあげられます。

　日本銀行は低金利政策を採り，国内金利をほぼゼロ近くに誘導しました。いわゆる，「ゼロ金利政策」です。低金利になれば消費や投資が増え，景気がよくなるはずなのに，そうはなりませんでした。そこで，日本銀行は2001年3月に，「量的緩和策」を採用しました。これは日本銀行当座預金の残高を増加させることにより，金融機関の資金調達をより容易にし，市中に資金が行渡ることを期待してのことでした。この政策は他国では先例のない，非常にドラスティックな策でした。実施にあたり，日本銀行は消費者物価指数（CPI）が安定的にゼロ以上になるまでこの政策を継続すると公表しました。そのコミットメントの効果もあり，対米国，対アジア向けの輸出が増加するなど徐々に景気が上向き，明るさが見いだされてきました。銀行の不良債権処理が進み，企業の生産調整もほとんど終わり，リストラの効果も出ました。株価も上昇しました。

　そして，日銀は，消費者物価指数（CPI）の推移が，前記条件を満たすにいたったとして，2006年3月量的緩和の解除に踏み切りました。同時にゼロ金利政策は当分継続すると発表しました。危惧もありましたが，市場の反応は冷静でした。

　しかし，その後景気の動向に暗雲が立ち込め，景気後退が鮮明になった矢先の2008年，100年に一度ともいわれる世界的金融危機が到来したのです。

今後は個人消費が本格的に増加し，根本的なデフレ脱出に成功することが最も重要な目標になります。それにいたる道のりは非常に険しいものでしょうが，金融，財政両政策を両輪とした政策が適切に施行されることが期待されます。財政赤字の累積は深刻で，この先には高齢化社会も到来します。種々の制約条件の下で実効ある政策を実施するためには，関係機関の意志統一，協働が最重要であると思います。

Coffee Break

25：サービサー

原資産を管理し債権の徴収業務を行う機関であるが，一般には，貸金，不良債権の回収を専門に行うノンバンクです。1999年2月に成立した「債権管理回収業に関する特別措置法（サービサー法）」により生まれました。金融機関などの債権者から委託を受けて，企業の債権や個人向けの住宅ローン債権の回収を行います。債権者にとっては，専門的な知識をもつ業者を利用することで，債権回収の確率が高まる可能性があります。

---

4 インフレ・ターゲット

最近，インフレ・ターゲットの導入の是非が議論されています。この政策について説明しましょう。

インフレ・ターゲットとは，一般に中央銀行があらかじめインフレ率の目標値を公表し，それに従って金融政策を遂行する政策です。

指標としては，消費者物価指数など観測，入手容易なデータが用いられることが多いようです。この政策は，インフレ率が事後的に明らかになることから，中央銀行にとってはアカウンタビリティ（説明責任）と透明性がより要求されることになります。政策面では将来のインフレーション，金融政策の波及効果が予測可能でなければなりません。

インフレ・ターゲットが採用されたのは，さほど昔のことではありません。最初に採用したのはニュージーランドですが，1990年のことでした。世界全体でインフレ・ターゲットを採用している国は，Mishkin と Schmidt-Hebbel の論文（2001年）によると，2000年11月現在，19ヶ国に及びます。表11-1 は，インフレ・ターゲットを採用している主要国と，ターゲットの概要を示しています。

なお，ECB はインフレ・ターゲットの存在を認めていませんが，事実上それを採用しているといっても過言ではありません。詳細はこの本で勉強したとおりです。

このインフレ・ターゲットのメリットはどこにあるのでしょうか。第1に通貨当局が具体的な数字を示すことで，その目標と責任を明示することがあげら

表11-1　主要国のインフレ・ターゲット

	導入時期	指標	種類	時限	決定者	インフレ予想の発表の有無
オーストラリア	1994年9月	2〜3%	Underlying CPI	景気循環の範囲	中央銀行と財務省	あり
カナダ	1991年2月	1〜3%	CPI	2004年末	中央銀行と財務省	あり
フィンランド	1993年2月	2%	Underlying CPI	継続	中央銀行	なし
ニュージーランド	1990年3月	0〜3%	CPI	継続	中央銀行と財務省	あり
スペイン	1994年11月	2%	CPI	1年ごと	中央銀行	あり
スウェーデン	1993年1月	1〜3%	CPI	継続	中央銀行	あり
英国	1992年10月	2.5%	RPIX	継続	財務大臣	あり
フィリピン	2002年1月	5〜6%	総合CPI	2年	政府	あり
インドネシア	2005年	5.5±1%				あり
ルーマニア	2005年	7.5±1%				あり
EU (ECB)（参考）	1998年1月	2%未満	HICP	継続	中央銀行	あり

出所）IMF (2006)

れます。第2に目標を透明，明確にすることで，中央銀行が説明責任を負い，より独立性が保証されること，第3に予想インフレ率の安定化が図られることです。むろん，何よりもインフレーションそのものを抑える役割が存在します。

このように過去に実施されたインフレ・ターゲットは，すべて高インフレ率を抑制することが目的でした。しかし現在の世界的な景気低迷のなかで，この政策手段をデフレ状態から脱出するために採用することの是非が議論されており，日本でも物価上昇率を物価安定と整合的な範囲内でコントロールしようとする政策が想定されています。インフレーションを急激に引き起こす政策でもなければ，ましてインフレ率が高ければよしとする政策でもないとされていますが，デフレ状態でインフレ・ターゲットを採った国は過去にはなく，この政策を採用するとすれば，初めての試みになります。ターゲットを越えてインフレが進み，物価の騰貴に歯止めがかからなくなること，年金生活者などの生活を苦しめる可能性などを懸念する向きもあります。冷静で緻密な議論が必要でしょう。

Coffee Break

26：消費者物価指数と企業物価指数

物価指数としては，消費者物価指数（CPI：Consumer Price Index），企業物価指数（CGPI：Corporate Goods Price Index）の2つがよく用いられます。前者は世帯の消費にかかわる財とサービスの小売価格（Retail Price）をベースにしています。後者は生産段階での財の価格をベースにしていて，サービスは含まれていません。なお，かつての卸売物価指数（Wholesale Price Index）は事実上，企業物価指数に衣替えしました。流通機構の変化などを配慮したものです。

さらに進んだ学習のために,ぜひ読んでください

浅子和美・篠原総一編『入門・日本経済(新版)』有斐閣,2000年
伊藤隆敏『インフレ・ターゲティング』日本経済新聞社,2001年
伊藤隆敏・林伴子『インフレ目標と金融政策』東洋経済新報社,2006年
奥村洋彦『現代日本経済論』東洋経済新報社,1999年
佐和隆光『平成不況の政治経済学』中公新書,1994年
橘木俊詔『日本の経済格差』岩波書店,1998年
土志田征一『日本経済の宿題』ダイヤモンド社,2001年
堀内昭義『日本の経済危機』日本経済新聞社,2004年

第12章

地球環境問題

1 地球環境問題の概要

　この章では，地球規模での問題として地球環境問題を取りあげることにします。地球環境問題については経済学との関係が希薄な印象がもたれているかもしれませんが，古くから多くの研究，分析がされてきました。公共経済学，なかでも外部経済，外部不経済などの分野はその1つです。そして最近では，より学際的，複合的な観点からの研究もされています。

　人類は，20世紀に入り大量生産，消費，廃棄型の社会を構築してきましたが，地球環境に対して取り返しのつかないダメージを与えつつあります。その具体的な例をあげましょう。

(1) 地球温暖化

　地球温暖化は，二酸化炭素，メタン，窒素酸化物，クロロフルオロカーボンなどによるオゾン層の破壊が原因です。海面の上昇や病虫害による被害の増大，豪雨や干ばつなどの異常気象との関係も指摘されています。さらに，森林から農地への転用，焼畑などによる伐採も二酸化炭素を増加させます。

(2) オゾン層の破壊

　オゾン層は，太陽光に含まれる有害な紫外線を吸収しますが，クロロフルオロカーボンなど太陽の光や微生物で分解できない人工的な化学物質により破壊されます。オゾン層の破壊は，皮膚がんや白内障の原因にもなり，農作物や海洋生物へも悪影響を及ぼします。

(3) 酸性雨

原因としては，硫黄酸化物，窒素酸化物があげられます。森林の枯渇，河川や湖沼の汚染や氾濫，貴重な古代建造物や遺跡の崩壊とともに農業被害をもたらします。硫黄酸化物は1985年にヘルシンキ議定書，窒素酸化物は1988年にソフィア議定書で排出削減をめざすことが決められました。

このような地球環境問題が指摘されたのは，かなり以前のことです。注目すべきことは，国際的なレベルでの問題解決と総合的な政策が必要であるという判断が下されたことです。

2　国際的な取り組み

こうした状況を目の前にして，各国政府は手をこまねいていたわけではありません。1972年には，スウェーデンのストックホルムで「国連人間環境会議」が開催されました。その後，多くの国際協定，条約を経て1992年6月ブラジルのリオ・デ・ジャネイロで「環境と開発に関する国連会議」が開かれました。これは，俗に「地球サミット」と呼ばれており以下の宣言，取決めがされました。

(1) リオ宣言
環境と開発の共存に関する宣言。

(2) アジェンダ21
経済，社会，環境に関する諸問題への取り組みを示した行動計画。

(3) 地球環境ファシリティ
発展途上国，市場経済移行過程国に無償資金を供与する仕組み。

(4) 気候変動枠組条約
二酸化炭素，その他の温室効果ガスの排出量を，2000年までに1990年のレベルにする。

表 12-1　気候変動枠組み条約締約国会議の経過

会　議	実施年	開催地	会　議	実施年	開催地
COP 1	1995	ドイツ	COP 8	2002	インド
COP 2	1996	スイス	COP 9	2003	イタリア
COP 3	1997	日本（京都）	COP10	2004	アルゼンチン
COP 4	1998	アルゼンチン	COP11	2005	カナダ
COP 5	1999	ドイツ	COP12	2006	ケニア
COP 6	2000	オランダ	COP13	2007	インドネシア
COP 6（再開）	2001	ドイツ	COP14	2008	ポーランド
COP 7	2001	モロッコ	COP15	2009 予定	デンマーク

しかし 2000 年が近づくにつれて，同条約の履行が困難であることが明らかになり，この対策として「COP」と呼ばれる会議が開催されてきました。表 12-1 を参照にしてください。

3　京都会議

1997 年に，日本で開催された「COP3」では，京都議定書が採択されました。その概要は次のとおりです。

(1) **温室効果ガスの排出量**

2008 年から 2012 年までの平均値を 1990 年と比べ，日本－（マイナス）6％，米国－7％，EU 各国－8％，締約国全体では－5％とする。

(2) **排出取引制度**

排出枠の売買を認める。締約国の会合でガイドラインなどを決定する。

(3) **共同実施**

他の先進国，市場経済移行過程国で行った事業による排出削減分を，自国にカウントする。

(4) 森林と二酸化炭素

1990年以降の人為的な森林面積の増減による吸収量の変化を考慮する。

ここで共同実施について，経済学の分析手法を用いて説明することにしましょう。

図12-1で，直線OAとQBはそれぞれ発展途上国A国と先進国B国の汚染削減に対する限界費用曲線であるとし，B国に汚染削減の義務が課せられているとします。A国の原点をO，B国の原点をQとします。もしOQ分の削減を先進国Bのみで行うと総費用はQBOになります。総削減量を両国の限界費用が等しくなるように分割して，A国はOC，B国でQCの削減をすると，OQの削減に必要な費用はOCP+QCPになり，総費用は全体で少なくなります。そこでB国がA国に技術供与してA国で行った削減分を自国で行ったことに出来れば，B国の負担はOCP+QCPですみ，OPBの節減になるのです。けれども，発展途上国A国は，将来自国にも汚染削減の義務が課せられることを予想して，B国がA国で行った削減により得る利益OPBの100％をB国に譲ることはしないでしょう。したがって，B国とA国の交渉はゼロからOPBの範囲でなされることになります。B国がA国で実施した汚染削減利益の何割かをA国にわたさなければならないとしたら，B国はその分余分に汚染削減しなければならず，限界費用曲線はOA'となります。均衡点はP'に移って，

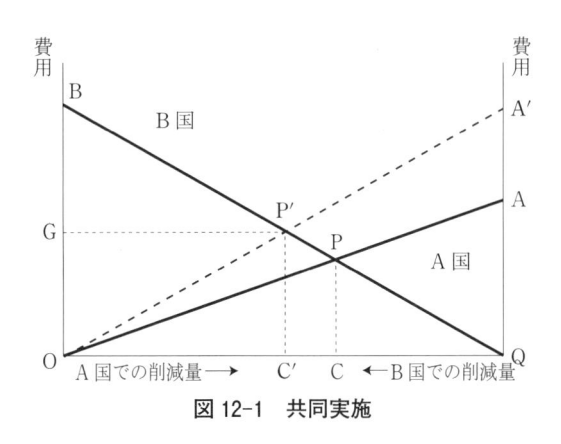

図12-1 共同実施

B国の負担はQC′P′+OC′P′となり，均衡がP点であった場合より費用がかさみます。

さて，京都議定書以降，どのような動きが起こっているのでしょうか。EU，日本など110国が批准しましたが，2001年に米国が自国経済への悪影響や途上国が削減対象国に含まれていないことを理由に離脱，オーストラリアも追随，ロシアも未批准のため，発効条件が満たされていません。世界の2004年時点でのCO_2排出量をみると，京都議定書に基づき排出削減を約束した国・地域の構成比は約3割にすぎない状況です。米国，中国，インドなどの排出量は増加，たとえば，1990年と比して，米国は15％以上増加しました。批准国でも，EUは全体としては微減していますが目標は達成されていません。日本では官民の努力にもかかわらず増加しています。部門別では，1990年以降は，エネルギー産業，運輸，その他エネルギー消費面で特に増加しています。温暖化対策の実質化，実効性を高めるには，大量排出国を議定書に取り込まねばなりません。

新しい動きも出ています。米国各州では排出総量の削減目標を掲げた取り組みが活発化してきました。オバマ新政権は京都議定書への復帰はしない方針ですが，中国，インドを含めた新しい枠組みづくりをめざすとしています。

また，炭素税など温暖化対策を念頭においた環境税がヨーロッパ諸国を中心に導入されてきました。エネルギー需要の価格弾力性値は，長期的にはかなり大きく，こうした環境税は，一般的に，長期では相当の排出削減効果を有すると考えられています。排出取引制度は，経済全体で排出量削減に要する費用を最小化・効率化することをねらいとしています。過去の類例をみると，相当程度の費用削減効果があったとする見解が多いようです。

今後，国レベルの対策だけでなく，NGO，NPOとの協力も必要でしょう。人類が自然と共生して発展する経済社会を構築するための挑戦はこれからです。

経済学への課題も突きつけられています。経済学が従来分析の対象外にしてきた，自然の変化，変貌から見た開発の評価をあらためて行い，現在のルールでの開発や対策の予見をして，その代替的なルールをときに提唱する必要があ

第12章　地球環境問題

ります。

さらに進んだ学習のために，ぜひ読んでください

　天野明弘，松村寛一郎，国部克彦，玄場弘規『環境経営のイノベーション―企業競争力向上』日本経済新聞社，2006年
　天野明弘『地球環境問題の経済学』日本経済新聞社，1997年
　天野明弘『持続可能社会と市場経済システム』関西学院大学出版会，2008年
　天野明弘『排出取引』中央公論新社，2009年
　植田和弘『環境経済学』岩波書店，1996年
　柴田弘文『環境経済学』東洋経済新報社，2002年

第III部

国際金融

第13章

金融機関とは

1 銀行とは

この本も，いよいよ最後の部に入ることになりました。第Ⅰ部は貿易，第Ⅱ部は現実の動向を扱ってきました。この第Ⅲ部は，お金の流れ，すなわち国際金融と呼ばれる分野を中心に学習します。デリバティブ，電子マネーなど最先端の分野についても紹介しましょう。

この章は，そのためのベースとして日本の代表的な金融機関を紹介します。まず銀行から勉強しましょう。

Coffee Break

27：ゼロ金利政策

日本で起こった1990年代中盤以降の深刻な景気悪化を回復させるために，日本銀行は，1999年2月12日の政策委員会・金融政策決定会合でこの政策を採ることを決めました。実施方法については，コールレートをほぼゼロになるようにしました。日本銀行はほぼ毎日，短期金融市場の資金需給を調節する際，過剰な資金を供給して政策目標とする無担保コール翌日物金利（オーバーナイト金利と呼ばれます）を可能な限り低く誘導し市場金利を低くします。2000年8月にゼロ金利を解除して，短期金利の誘導目標を0.25％に引き上げましたが，その後2001年2月に0.15％に下げ，さらに3月には実質ゼロに戻しました。その後，数年にわたり実質的なゼロ金利は継続しましたが，景気の回復とともに金利は徐々に上昇することになりました。

A．中央銀行

　復習です。日本の中央銀行は？　正解は，日本銀行です。中央銀行とは一国の金融機関の頂点に立ち，金融制度の中核的機関としての機能を果たす銀行のことです。

　中央銀行の業務は，銀行券を独占的に発行する「発券銀行」，金融機関の預金を預かるとともに金融機関に信用供与（貸出）をする「銀行の銀行」，政府の預金を預かったり関連する業務を行う「政府の銀行」などです。これらの機能は，先進各国中央銀行にほぼ共通です。

　日本銀行はその理念を，「物価の安定を図ることを通じて，国民経済の健全な発展に資することをもってその理念とする」（日本銀行法第2条）と定めています。そして具体的な目的として，「物価の安定」と「金融システムの安定」をあげています（日本銀行法第1条）。前者は，物価の安定が，経済が安定的，持続的に発展していくうえで不可欠であるという考え方，後者は金融機関間の資金決済の円滑化，信用秩序の維持を図ることを意味しています。

　こうした業務を基礎として通貨価値の安定，経済の安定や発展のために必要な金融政策を実施します。通貨すなわち円の価値が不安定であったり，極端な場合に使えなくなるほど価値がなくなったりすれば，どうなるでしょう。物々交換をしなければならなくなるかもしれませんね。政策手段としては，公定歩合操作（注意が必要です。後に説明します），公開市場操作，準備率操作などがあります。金融政策については，このあと説明します。

Coffee Break

28：ハイパワード・マネー

　中央銀行が供給する通貨です。銀行はこれをベースに，後に説明する「信用創造機能」によって銀行の預金通貨を増やし，通貨を流通させます。Coffee Break 15 で説明したマネーストックは金融部門全体で供給される

お金で，ハイパワード・マネーが増えればマネーストックも増加します。

29：短期金融市場

　通常期間が1年未満の短期資金を取引対象とする市場をさします。参加者は，金融機関，機関投資家，企業などです。取引形態は市場型であり，相対(あいたい)ではありません。銀行を中心とした金融機関で構成されるインターバンク市場と事業法人や大口投資家など非金融機関も含まれるオープン市場から構成されます。インターバンク市場には，コール市場，手形市場などがあります。オープン市場にはCD (Negotiable Certificate of Deposit) 市場，CP (commercial paper) 市場，債券現先市場，FB (Financing Bills) 市場，TB (Treasury Bills) 市場などがあります。

　短期金融市場の1つの機能は，資金の受け取りと支払いの短期的に生じるずれを調節することです。一時的な余剰資金を運用したり不足資金を調達することで効率的な資金の利用を図ることになります。個々の金融機関の流動性過不足が調整されたり事業法人などの余裕資金の短期的な運用の場になっています。同市場のもう1つの機能は中央銀行が短期金融市場の価格である短期金利に影響を与えることです。中央銀行は，さまざまな短期金融市場でのオペレーションを通じてハイパワード・マネーの調節を行っています。

30：短資会社

　短期金融市場での仲介業者のことです。短資会社の業務内容は，コール市場での貸借や仲介，外国為替売買の仲介，手形の売買，ドルなどのコール資金貸借の仲介，国債を含む証券の売買，譲渡性預金の売買などです。日本銀行はコール，手形市場などの短期金融市場におけるオペレーションを通じて金融調節を行い，金融政策の運営上，短期金利をコントロールしています。日本銀行は短資会社と当座預金取引，為替取引，貸出取引，オペなどを実施していることもあり，短資会社は金融政策を実施する場としても役割を果たしています。

31：コール市場

　資金の受け手は都市銀行，出し手は信託銀行，農林系統金融機関，地方銀行，信用金庫などです。短期金融市場は，インターバンク市場とオープン市場に分けられます。インターバンク市場において，銀行同士などでごく短い期間，支払準備の過不足調整のための取引を行う場，すなわちコール資金のやりとりが行われる場がコール市場と呼ばれます。インターバンク市場は，このコール市場と手形市場に分けられます。

　1988年以降，金利の弾力化が図られ，有担保コール市場の取引期間が無条件から6日に短縮，無担保コールの取引期間をオーバーナイトから1年に延長，無担保コールの取引レートをオファー・ビッド方式（資金の出し手と受け手が希望レートを出し合う），有担保コールレートにもオファー・ビッド方式を導入（小口には気配レートを存続），コールレートの刻み幅を細分化するなどの措置がとられました。

　日本のコール市場は，有担保コール市場から始まりました。それに対して無担保コール市場は1985年7月に創設され，以降急速に拡大してきました。しかし1990年代に入り，景気の長期低迷，金融システムの不安が広がり，日本銀行が1999年2月，公開市場操作の一環として，無担保翌日物（オーバーナイト）コールレートを，短資会社への手数料を差し引くと実質ゼロになる0.02％程度に誘導する，ゼロ金利政策を実施したため，無担保コール市場残高はピーク時の半分程度に減少しましたが，2006年3月の量的緩和政策の解除と以降の政策金利の引き上げにより，市場取引高は再び増加に転じています。日本で最も伝統ある短期金融市場です。

B．銀行

　次に，銀行です。銀行の主要業務は銀行法により次の3つ（銀行の三業務と呼ばれます）と定められています。

　　① 預金または定期預金などの受入れ

　　② 資金の貸付けまたは手形の割引

　　③ 為替取引

　このうち，為替とは，振込み，振替などの決済をここではさします。

　銀行の仕事は，これらに限定されません。上記3つは，銀行法では「固有業務」としていますが，「付随業務」（債務の保証，手形の引き受け，有価証券の

売買, デリバティブなど), そして子会社は証券, 保険, クレジットカードなどを取り扱うことが可能です。

都市銀行とは, 都市に基盤をおき全国展開している銀行, 地方銀行とは主として地方都市に本店をおき, 所在する都道府県内を主たる営業基盤としている銀行で, 両者に法的な区別はなく, いずれも普通銀行です。都市銀行の預金は企業, 個人が中心であり, 貸出し先も企業が中心になっているのに対して, 地方銀行の預金は, 個人預金が多く貸出し先は中小企業が中心となっていました。最近, 都市銀行は地方銀行が中心としてきたリテール (小口) 部門, すなわち個人や中小企業への営業を活発に展開しはじめ, 銀行間の競争が激化しています。

第二地方銀行とは, かつては相互銀行であったものが普通銀行に転換したものです。主に地方を拠点とし店舗展開は, 本店所在の都道府県内にほぼ限定, 主な融資先は地方の中小企業, 地域住民, 地方公共団体, 預金は個人の定期預金が多い, といった特徴があります。相互銀行は江戸時代の無尽に端を発し, 仲間同士で資金を持ち合い融通するものでした。明治時代にさらに発展をして, 1931年には無尽業法が成立, 金融業者として認められ, 1951年に相互銀行法が制定され相互銀行になりました。相互銀行は地域の中小企業に融資を行う機関とされましたが, 普通銀行にない規制を受けてきました。その後都市銀行, 地方銀行が地域の中小企業の融資に参入を始めたため, 普通銀行への転換の働きかけが起こり, 1992年にすべての相互銀行は普通銀行 (第二地方銀行) となりました。

次に, 信託銀行について説明します。銀行法に基づく普通銀行のうち, 信託業務を主な業務として行うものです。これまでは, 短期金融は普通銀行, 長期金融は信託銀行に分類されていました。信託銀行の中心は, 貸付信託, 金銭信託, 証券投資信託, 年金信託などの金銭の信託により集めた資金を長期に貸し付ける機能と財産管理機能ですが, 投資顧問業務, 不動産売買の仲介, 証券業務なども行っています。信託銀行の利益は (受益) 証券保有者 (貸付信託の場合), 金銭の委託者 (金銭信託の場合) に分配することになります。1923年に信託法,

信託業法が施行されて法的に認められて以来，信託会社は発展しました。1948年に，信託会社は銀行法による銀行に改組され，銀行，信託両方を行う信託銀行となりました。1954年には，銀行・信託の分離が進められました。現在では，短期金融と長期金融の壁は崩れつつあります。1985年，外資系信託銀行の国内参入が許可され規制緩和が進み，都銀や証券会社の信託銀行の設立も相次ぎました。

> **Coffee Break**
>
> **32：BIS規制**
>
> 　自己資本比率を海外で営業を行う銀行は8％以上，国内だけで営業している銀行は4％以上にすることが義務づけられています。早期是正措置においても，国際業務を行う金融機関の必要な自己資本比率の目安として適用されており，この基準をクリアできなければ，経営健全化計画の実施計画が金融庁から発動されます。さらに，監督当局の役割を，銀行の健全性の検証に特化させ，情報開示を進めることも提案されました。
> 　銀行以外に，証券会社にも自己資本比率規制が存在します。日本では，1990年4月から導入されました。新しいバーゼル合意（2006年末施行の新BIS規制）においては，銀行の内部管理手法を活用した自己資本比率の算定が認められる一方，リスク管理体制の強化が求められています。

C．信用創造機能

　信用創造機能とは，どのようなものでしょうか。銀行が本源的な受入預金の何倍かの貸出しを行うことにより信用を増加させ，派生的預金を生み出すという理論です。X銀行にy円の本源的な預金がされた時，同銀行が$\alpha(0<\alpha<1)$の比率で手元に資金を残すとすると，X銀行はそれを除いた$y(1-\alpha)$を貸し出しに回します。借受人aはこれを債権者bへの支払いに当てるとします。bはこれをY銀行に預金します。Y銀行はこれをもとにcに

$y(1-\alpha)(1-\alpha)=y(1-\alpha)^2$ の貸出しを行います。この繰り返しで銀行全体の預金の累計は y/α となり，信用創造によって創出される預金全体の額は本源的預金／手元に残す比率になります。$(1/\alpha)$ を信用乗数といいます。

この信用乗数の減少が，1990年代の日本の不況を加速化させた元凶ともいわれています。

Coffee Break

33：長短分離

長期金融と短期金融を別々の金融機関が分業するという日本固有の規制や慣行のことです。従来日本では，この考え方に沿って金融機関の業務分野が規制されてきました。

長短分離の根源は，明治政府による近代的銀行制度の導入に遡ります。戦後も，商業銀行（普通銀行）には，経営健全の観点から短期金融に特化させ，別途，長期金融を専門で行う金融機関，すなわち長期信用銀行と信託銀行を設けることになりました。この長短分離主義は，1952年の「長期信用銀行法」と「貸付信託法」でその基礎を与えられました。長期信用銀行は金融債，信託銀行は貸付信託という安定的な資金調達手段の手段が与えられたことによって，重化学工業を中心とした強い資金需要に応ずることになりました。こうした状況は高度成長の実現に大きく貢献しましたが，1993年の金融制度改革で普通銀行に中長期預金，長期信用銀行に短期金融債の導入が認められ，両者の境はほとんどなくなりました。現在，長期信用銀行は存在しません。

2　証券会社とは

証券会社とは，証券取引法により証券の売買を扱う機関のことです。このうち資本金100億円以上で以下の4業務を行う免許をもつ証券会社を総合証券会社と呼ぶことがあります。4業務とは，① アンダーライティング業務，② セリング業務，③ ディーリング業務，④ ブローカー業務です。以下，順次説明

しましょう。

① アンダーライティング業務：発行された証券を証券会社がまとめて買取り，投資家に転売する取引です。証券会社は，売れ残りのリスクを負うことになります。

② セリング業務：発行体である企業などの委託を受けて，新たに発行された証券の販売をする業務です。証券会社は売れ残りのリスクを負わなくてよいのです。

③ ディーリング業務：証券会社が利益を得る目的で自ら投資家として証券の売買を行う取引です。

④ ブローカー業務：投資家の依頼を受けて，有価証券の売買注文を市場に取り次ぐ業務です。

ちなみに，われわれが証券の売買を証券取引市場で直接行うことはありません。証券会社を経由しなければならないのです。証券会社によって相違はありますが，規模が小さくなるほど証券会社の利益の多くは，ブローカー業務が中心になります。日本の証券会社の利益の多くは，ここから発生しています。自ら値をつけたり，リスクを負ったりする取引でないことは内容からもわかると思います。証券会社というと，やや派手なイメージが先行しているかもしれませんが，この業務に限定すれば意外と地味なのかもしれません。

以前，証券会社を設立するには旧大蔵省から免許を交付されなければなりませんでしたが，ビッグバンの流れのなかで，1998年には免許制から登録制になりました。以来，外資系金融機関や異業種の日本での証券会社設立が相次いでいます。

これまでの日本では銀行からの借入れ，すなわち間接金融が中心でしたが，リスクが銀行に集中するので，銀行の弱体化に伴いリスクが広く分散する証券市場からの資金調達の重要性は増加していますが，株価の低迷は証券会社に打撃を与えています。証券会社は従来，証券売買の仲介であるブローカー業務を中心にしてきましたが，株式売買数の低迷により，その収入にマイナスの影響が出ています。

最近，ディスカウントブローカーと呼ばれる証券会社が登場しています。これはブローカー業務の手数料を安く設定する証券会社のことで，もともと手数料の規制が緩和された米国で登場したものです。日本でも1999年の売買委託手数料の自由化を契機として店頭公開株（店頭取引については，後に説明），大口取引から手数料の値下げ競争が起こっています。さらに，ネット取引の興隆は，価格競争を激化させています。

　証券取引所とは，有価証券の売買が行われる市場の総称のことで，発行市場と流通市場に分けられます。発行市場とは発行体が有価証券を発行して資金調達をする場であり，投資家には資金運用手段の提供をします。流通市場とは，有価証券の保有者に売買，換金の場を与えるものです。

　発行市場の取引価格は，流通市場の価格を参考に協議あるいは入札によって定められます。流通市場は，有価証券に流動性を付与するとともに公正な価格を形成，提示する役割をもっています。流通市場の取引には，証券取引所取引と店頭取引とがあります。

　日本の証券取引所での売買に参加するためには一定の資格を満たす正会員，正会員の取引を仲介する才取会員，注文をほかの取引所につなぐ特別会員にならなくてはなりません。店頭取引（over-the-counter transaction）は，証券会社の店頭で行われる取引です。日本の債券流通市場は，国債先物を除けば，そのほとんどが店頭取引です。

　世界の主要な証券取引所としては，ニューヨーク，東京，ロンドン，フランクフルト，パリなどがあります。また，ICTの進展とともに，店頭市場を含む取引所外市場との競争も激化しています。こうした動きもあり，証券取引所の株式会社化が，1999年の証券取引法改正で可能になりました。しかし，株価の低迷もあり，地方の取引所は合併するなど合理化が進められています。

　次に，新興株式市場も紹介しておきましょう。

　新興株式市場とは，一般に，規模や実績はないものの，成長が期待される企業の資金調達の場です。伝統的な取引所取引の対象にはなじまないために創設されたと考えられる。日本では2つの大きな流れがあります。1つは，日本証

券業協会が1963年から新興企業・中堅企業向けに開設した株式店頭市場の流れをくむJASDAQ市場です。1983年には，登録基準，店頭公開企業の公募増資規制などが緩和され，2001年7月からは以前の店頭売買有価証券市場からJASDAQという名称が用いられています。もう1つの流れは，証券取引所が主導したものであり，1999年11月には東京証券取引所がマザーズを，2000年6月には大阪証券取引所がナスダック・ジャパンを創設しました。しかし株価の低迷を受け，市場は必ずしも順調とはいいがたく，ナスダック・ジャパンは，大阪証券取引所と業務提携をしていた米国ナスダックの日本からの撤退により，ニッポン・ニュー・マーケット（ヘラクレス）に名称変更しました。このほか各地の証券取引所が開設している市場としては，セントレックス（名古屋），アンビシャス（北海道），Q-board（福岡）があります。

Coffee Break

34：CP

　企業が，短期の資金を調達するために発行する約束手形です。元来，米国で誕生，発達したもので，日本では1987年に銀行借り入れに替わる企業の資金調達手段として解禁されました。CPの発行要件については，満期までの期間（1年未満），額面（1億円以上），格付け（A-3相当以上）などの旧大蔵省通達がありましたが，1998年に全面的に撤廃され，発行主体に制限はなくなりました。同年からは，企業が機関投資家などに直接売り出す直接発行も認められています。日本銀行は1989年5月より，CPの買いオペレーションを実施しています。CPは，拡大傾向をたどっており，譲渡手続きが簡単であることもあり，短期の現先取引も増加しています。

問：日本の銀行などが発行するCPについて，正誤を答えてください。

1　CPは，資本取引に関する規制緩和措置によって自由化された。
2　CPは，発行体が市場から直接短期資金を調達する手段として発行する，無担保，約束手形形式の短期証券である。
3　CPは，発行体が直接投資家に販売するダイレクト・ペーパーと，銀行または証券会社が仲介者となって投資家に販売するディーラー・ペーパーに分けられる。
4　CPは，法律上は有価証券に属し印紙税の納付を要するため，そのコストはCDより常に割高になる。
5　CPは金融債を発行できない銀行にとっては，それに代わる有力な手段である。

(検定試験改題)

答：1　○　2　○　3　○　4　×：確かに印紙税は必要ですが，準備預金制度の対象にならないため，コストは安いです。
5　○

問：外国為替市場および東京ドル・コール市場の特徴について，正誤を答えてください。

1　外国為替市場は，外貨の売買を行う銀行間市場である。
2　東京外国為替市場は，銀行，ブローカーおよび日本銀行で構成されている。
3　日本銀行は，通貨価値の急激な変動を避けるため，外国為替市場に介入することがある。
4　東京ドル・コール市場は，外貨の貸借を行う銀行間市場であって，非

居住者は参加することができない。
5　東京ドル・コール市場では，期間6ヶ月以上のドル資金の取引を行うことができない。

(検定試験改題)

答：1　○　2　○　3　○　4　○　5
×：1年まで可能でした。

3　その他の金融機関

A．保険会社

　生命保険会社は，保険料というかたちで金を集め，金融市場などで運用し，被保険者の死亡，病気，けがなどの場合に一定額を保障する会社です。

　1990年代後半以降，超低金利の長期化や株式市場の低迷により，資産の運用利回りが契約上の利率（予定利率）を下回る，逆ざや現象が生命保険会社の経営を苦しめています。日本には長期の運用商品が乏しく，生命保険会社は，長期の保険契約によって集めた資金を，短い運用期間でつながなければなりません。逆ざや現象を解消するために予定利率を引き下げることも考えられますが，契約者を失う恐れがあり厳しい状況です。日本の生命保険会社の多くは相互会社形式を取っており，株式会社のように株式を発行して機動的に資本を増強することがむずかしいです。こうした問題を解決するため，株式会社への転換を希望する生命保険会社が増えました。保険業法によって生命保険事業と損害保険事業の兼営が禁止されてきましたが，1996年4月に施行された新保険業法によって子会社による生命保険事業と損害保険事業の相互参入が認められることになりました。

　損害保険会社は，保険業法に基づいて財産に対する不測の損失を補償することを約して保険料を徴収する会社です。損害保険の多くは財産を守るための保険です。対象は，家屋，家財，自動車などであり，火災保険，地震保険，自動

車保険，傷害保険その他が主要な商品になります。1960年代半ばまでは火災保険が中心でしたが，それ以降，自動車保険が急成長して現在でも中心になっています。

損害保険会社の資産の大部分は，保険料収入から積み立てられた責任準備金であり，事故に対する迅速な支払いが必要なので，流動性が重視されています。資産の運用は流動性が重視されるので有価証券投資が中心であり，貸付金の比重は低いです。保険の募集は生命保険が外務員による直接販売が中心であるのに対して，大部分が委託契約を結んだ損害保険代理店によって行われています。

損害保険は，契約期間が短く資金運用でも長期は困難で短期の対企業向け融資が中心であり，生命保険会社よりもバブル崩壊の影響は少ないといわれています。日本では，保険業法によって生命保険事業と損害保険事業の兼営が禁止されてきましたが，1996年4月に施行された新保険業法によって，子会社による生命保険事業と損害保険事業の相互参入が認められることになりました。

B．政府系金融機関

政府の全額または一部出資により，政府の指示に基づいて金融業務を行うものです。資金源は，政府の資金運用部や政府出資です。民間金融機関では不可能な金融を引受け，それを補完する役割を果たしています。日本では政府系金融機関の比重が高いので，民間金融機関との競合性がかねてから指摘されてきました。

公的部門が行う金融仲介を公的金融といいます。従来，郵便貯金，簡易保険，国民年金積立金などのかたちで資金運用部，簡保資金などが受け入れた資金は政府系金融機関により融資や債券購入などに利用されてきました。公的金融は，住宅金融，中小企業金融，地域開発など，民間金融のみでは資金供給が図られない分野に主に行われます。公的金融は高度成長期に大きな役割を果たしてきました。日本経済の構造変化とともに，その役割を巡って議論を呼んできました。その結果，郵便貯金などの資金運用部への預託は廃止となり，政府系金融機関は個別に財投機関債の発行をして資金調達をすることになりました。2001年に資金運用部も廃止された。補完機能（民間より低利，長期）についても金

融自由化，金融緩和の時代を迎え，議論と改編が起こっています。民営化された結果，ゆうちょ銀行，かんぽ生命保険と，「住宅金融公庫」より移行した独立行政法人「住宅金融支援機構」が誕生しました。中小企業金融公庫，国民生活金融公庫，農林漁業金融公庫，国際協力銀行，沖縄振興開発金融公庫は2008年10月に「日本政策金融公庫」に統合され，同時に商工組合中央金庫と日本政策投資銀行は完全民営化，公営企業金融公庫は廃止されました。

> **Coffee Break**
>
> **35：直接金融・間接金融**
>
> 　直接金融とは，資金の借り手と貸し手，企業と投資家が直接結びついている仕組みをさしており，証券会社などが仲介します。企業は株式，社債，CPなど（本源的証券）を発行し，投資家は市場からそれを購入します。間接金融とは，銀行などの金融機関が預金を集め，それを企業などに貸し出す仕組みです。資金の貸し手と借り手の間に，金融機関が入っています。戦後の日本は，産業育成の政策が銀行を巻き込むかたちで行われたこともあり，間接金融が中心でしたが，近年ではリスクを広く分担できる直接金融の機能を強化すべきだとの議論も強くなっています。

C．中小企業金融機関

　中小企業への金融を主業務とする機関のことです。日本の公的中小企業金融機関としては日本政策金融公庫，国民生活金融公庫，商工組合中央金庫があげられ，政府系中小企業金融機関と呼ばれます。また，これらと民間金融機関を含めて中小企業金融機関ということがあります。

　かつて政府系中小企業金融機関の代表は，中小企業金融公庫でした。しかし2008年10月に，日本政策金融公庫へ統合されました。中小企業金融公庫は1953年8月に設立され，中小企業者向けの比較的大口の設備投資資金および長期運転資金の貸付を，民間金融機関よりも低利で実施してきました。これに

対し国民生活金融公庫は，零細企業の小口貸付を中心に行っています。いずれの資金源も財政投融資資金，政府補助金などです。

　民間の中小企業金融機関の代表は信用金庫，信用組合などです。こちらは皆さんにとって馴染み深いはずです。信用金庫は，「信用金庫法」に基づく会員の出資による協同組織の非営利法人で，「国民大衆のために金融の円滑を図り，その貯蓄の増強に資すること」を設立の目的としています。この点，銀行が営利を目的とする株式会社であることと大きく異なっています。会員以外への貸し出しには，さまざまな制約があります。信用金庫の上部組織として信金中央金庫，全国信用金庫協会などがあります。信用組合は，「中小企業等協同組合法」による協同組合員の出資による協同組織の非営利法人で「組合員の相互扶助を目的とし，組合員の経済的地位の向上を図ること」を目的としています。信用金庫以上に，組合員以外の預金，貸し出しに制限が設けられています。上部組織としては全国信用組合中央協会，全国信用協同組合連合会などがあります。信用金庫，信用組合とも，業務内容，取扱商品は銀行と大差ありません。

D．消費者金融

　消費者金融の存在も無視できません。広義では，金融機関，クレジット会社などが消費者に直接融資することです。一般には，個人を中心に無担保，即決，時に無保証人で少額の融資をするノンバンクをさすことが多く，俗にサラリーマン金融と呼ばれます。ほとんど無審査での融資や，それに伴う高金利が多重債務者を生んでいるとの批判がありますが，深夜ATMでの引き出しなどの利便さと，銀行の貸し渋りの影響で業績を伸ばしています。商品，金利，借入期間，借入限度，返済方法などはまちまちです。最近では銀行も従来とは異なる高金利でのカードローンなどの提供を開始しています。

Coffee Break

36：クレジットカード会社

　クレジットカードは，現金とともに決済手段の1つです。カードの保有者は現金を使用することなく，カードで加盟店から商品やサービスの購入ができます。クレジットカード会社は会員にクレジットカードを発行し，会員の支払い能力を信頼して会員が購入した商品の代金を立て替え，同じ代金分を会員に融資します。カードで購入すると，加盟店はカード発行会社から支払いを受け，一定の決済日に指定されたカード保有者の銀行口座から利用代金が引き落とされます。カード専門会社や信販会社の他，銀行やデパートなどもクレジットカード業の子会社をもっています。近年では，金融機関のCD（現金自動支払機）からキャッシングも可能です。さらに，リボルビング機能（あらかじめ決められた金額を回数を定めず毎月返済する）の付加，電子マネーとのリンクもされようとしています。海外では，本人確認の意図でクレジットカードの提示を求めることも多く，使用が増えている反面，クレジットカードの不正利用，盗難，紛失などによりカード保有者とカード会社が被る損害も増えています。ほとんどのカードには，これらの損害の補償，海外旅行傷害保険などのセキュリティ機能が付加されていますが，補償範囲，金額はカード会員のグレード（あるいは年会費）により異なり，約款で決められていることが多いです。

さらに進んだ学習のために，ぜひ読んでください

池尾和人『銀行はなぜ変われないか―日本経済の隘路』筑摩書房，2003年
池尾和人，大橋和彦，遠藤幸彦，前多康男『入門金融論』ダイアモンド社，2004年
大野早苗，小川英治，地主敏樹，永田邦和『金融論』有斐閣，2007年
大村敬一『現代のファイナンス』有斐閣，1999年
岡村秀夫，野間敏克，田中敦，藤原賢哉『金融システム論』有斐閣，2005年
黒田晁生『入門・金融』東洋経済新報社，2002年
黒田晁生『金融システム論の新展開』金融財政事情研究会，2008年
鹿野嘉昭『日本の金融制度』東洋経済新報社，2006年
島村高嘉・中島真志編『金融読本』東洋経済新報社，2009年

千田純一・椙山孝金編『現代金融論』中央経済社，1994年
沈徹『金融の基礎』八千代出版，2007年
日本銀行金融研究所『新しい日本銀行―その機能と業務』有斐閣，2008年
晝間文彦『基礎コース金融論』新世社，2005年
藤原賢哉・家森信善編『金融論入門』中央経済社，2002年
村瀬英彰『金融論』日本経済評論社，2006年
家森信善『はじめて学ぶ金融のしくみ』中央経済社，2008年
家森信善『大波乱時代の個人投資』千倉書房，2009年
吉野直行・高月昭年『入門・金融』有斐閣，2003年
吉野直行・藤田康範『金融資産市場論』慶應義塾大学出版会，2008年

第14章

為替レートの決定と決定要因

1 外国為替市場

　外国為替市場とは，外貨に関する取引を行う市場をさします。ただし，国際間で現金を用いた取引を行うことはほとんどなく，外貨建ての小切手（外国為替）を通じて取引が行われます。参加者は，① 銀行の顧客，② 銀行，③ ブローカー（短資会社），④ 中央銀行の4者にほぼ分類されます。市場そのものの構成という点では，②〜③をさすと考えてよいでしょう。

　そこで決定される通貨の交換比率が，為替レート（為替相場）と呼ばれます。外国為替市場は，銀行が顧客との間で取引を行う「対顧客市場」と「銀行間市場」に分けることができます。前者で付けられる価格を「対顧客レート（相場，以下同様）」，後者で付けられる価格を「銀行間レート」と呼びます。銀行間市場は外貨の卸売市場的な役割を果たしており，これに手数料などが加わったものが対顧客レートです。

　対顧客レートのうち中心的なものは T.T.B.（Telegraphic Transfer Buying：電子買相場）と T.T.S.（Telegraphic Transfer Selling：電子売相場）です。

　外国為替取引の種類としては，以下の3種類があります。

(1) 直物取引(じきもの)

　売買契約と同時に決済が行われる取引です。現実には，銀行間の場合，2営業日後に取引されることになります。

(2) 先物取引

　将来の一定時期に，あらかじめ決められた一定の条件で取引するものです。

通常は，1年以内に決済されます。例えば，1ドル＝120円で3ヶ月後にドルを売る契約をすると，その時点で為替レートがどのようになっていても契約を履行しなければなりません。

(3) スワップ取引

以上の2種は一方向の取引であり，このような取引をアウトライト取引と呼びます。これに対し，双方的な取引が行われることを特徴とする取引：スワップ取引があります。外国為替市場でのスワップ取引とは，通貨を直物で買い（売り）先物で売る（買う）取引をさします。スワップ取引は金利裁定取引とデリバティブの項で再登場します。

> **Coffee Break**
>
> ### 37：外国為替市場はどこにあるか
>
> よく誤解されているようですが，一部の国を除いて外国為替市場という場所は存在しません。東京証券取引所は兜町，大阪証券取引所は北浜，名古屋証券取引所は栄にありますが，外国為替市場という場所は存在しません。外貨に関する取引が行われる所が外国為替市場なのです。銀行のディーリングルームはその一例です。では，問題。為替レートが大きく動いたとき，マスコミは銀行を映すべきでしょうか，短資会社を映すべきでしょうか。答えは値をつけている銀行を映すべきでしょう。しかし現実には，短資会社を映すケースが多いようです。銀行のディーラーが地味にコンピュータに向かって取引を行っている光景よりも，短資会社社員の活発な動きを映したほうが，ニュースバリューがあるからでしょうか。

2　購買力平価説

購買力平価説の登場は古いのですが，今でも為替レートの決定理論として中核的な役割を果たしています。

購買力平価説は,「一物一価の法則」がベースにあるといわれています。同じ商品に異なる場所で異なる価格が付加されていると，どのような動きを招くでしょうか。安いところで商品を買い，高いところでそれを売るという行動が起こるでしょう。これを裁定といいます。すると，安いところでは価格が上がり高いところでは下がり，結果として価格は単一になるのです。

式で表すと以下のようになります。

$P = S \cdot P^*$

左辺は，日本の物価水準Pです。右辺は，例えば米国の物価水準P^*と邦貨建て為替レートS（1ドル＝○○円）が出ていますが，両者の積は同国の円建てでの物価水準を表していると考えてください。このように，両国の物価水準が為替レートを決定するというのが購買力平価説です。

現実には，輸送費用，税などが存在しますし，価格の調整には時間がかかります。こうしたこともあり，購買力平価説は長期の為替レートの動きを説明できますが，短期の説明としては説得力に欠けるものと考えられます。計量的にもそれが検証されています。

Coffee Break

38：実質為替レート，実効為替レート

為替レートに関する重要な概念として，名目為替レート（nominal exchange rate）と実質為替レート（real exchange rate）があります。私たちが普段為替レートというときは，名目為替レートですが，実質為替レートという概念は重要です。

簡単にいえば，実質為替レートは，名目為替レートから物価変動を排除したものですが，式で表すと，実質為替レート＝名目為替レート（邦貨建て）×（外国の物価水準／自国の物価水準）になります。名目為替レートと実質為替レートは，2ヶ国間の為替レートを問題にしています。ときには，いくつかの国との為替レートを総合的に考える必要があります。それ

が実効為替レート（effective exchange rate）です。

ある国の為替レートの平均的な動きを示すことになります。実効為替レートを算出するには，ある国の他通貨に対する為替レートを指数化し，これを GDP や貿易量で加重平均して求めます。

問：日本の物価が2％上昇，米国の物価が3％上昇しました。為替レートはどのように変化するか，購買力平価説に基づいて答えてください。

（大学院入試問題を改題）

答：1％増価（円高）します。

前頁の式を全微分します。$dP = S \cdot dP^* + dS \cdot P^*$。それより $dP/P = S \cdot dP^*/P + dS \cdot P^*/P$ になります。右辺の P に $S \cdot P^*$ を代入して変形すると $dS/S = dP/P - dP^*/P^*$ になります。$0.02 - 0.03 = -0.01$。

問：ある年の年初に直物為替レートは1ドル＝160円でした。当時，米国の短期金利は年率7.50％，日本の短期金利は1.25％でした。市場は1年後の為替レートを1ドル＝170円と予想していたとします。このとき，① 1年ものの先渡しレートはいくらで，② 円とドルのどちらのリスクが高いでしょうか。

（検定試験改題）

A ①は150円。

$P = P^* S$ の全微分式 $dP = S \cdot dP^* + dS \cdot P^*$。$dP = 160 \times 0.0125$，$S = 160$，$dP^* = 1 \times 0.075$，$P^* = 1$ を代入すると，$160 \times 0.0125 = 160 \times 0.075 + dS$。$dS = -160 \times (0.075 - 0.0125) = -10$ です。

②はドル。「先渡し」については190ページを参照。

dS の市場予想は $dS = 170 - 160 = 10$ ですが，今取引すると，$dS = 150 - 160 = -10$，つまりドルを買うと20円損する可能性があり，ドルのほうがリスクが高くなります。リスク・プレミアムは $20/160 = 0.125$（12.5％）です。

3　マネタリー・アプローチ

マネタリー・アプローチは，購買力平価説を前提としています。このモデルでは，為替レートは物価をとおして決定され，自国と外国の実質所得および名

目利子率は外生変数，貨幣供給は政策変数と仮定します。

購買力平価説は前節で説明したように以下の式で表すことができます。

$P = S \cdot P^*$

この式を対数表示すると（付録　数学公式 2　参照）

$\log P = \log S + \log P^*$　(1)

貨幣市場の均衡については，以下の式で表すことができます。

$M/P = L$　(2)

M は貨幣供給量，P は物価水準，L は（実質）貨幣需要です。＊は以下，外国を表します。

$M^*/P^* = L^*$　(3)

対数表示をしますと

$\log M - \log P = \log L$　(4)

$\log M^* - \log P^* = \log L^*$　(5)

(4)(5)式を(1)式に代入すると，(6)式を導くことができます。

$\log S = (\log M - \log M^*) - (\log L - \log L^*)$　(6)

この式により，相対的な貨幣供給量の増加は為替レートの減価を招くことがわかります。

このアプローチにも問題があります。まず購買力平価説をベースにしていますので，購買力平価説と同じ問題をそのまま受け入れなければなりません。中長期的にはともかく，短期的な為替レートの分析としては現実的，経験的に妥当性がないことも証明されています。

Coffee Break

39：東京ドル・コール市場，東京オフショア市場

東京ドル・コール市場は，1972年に創設されました。外国為替公認銀行間で短期の外貨資金貸借取引を行っています。短期金融市場の一種ですから，期間一年未満の資金を融通する市場です。非居住者は参加できません。そのため，取引の中心は，非居住者の参加できる東京オフショア市場に移行しています。東京オフショア市場は，1986年に創設された非居住者も自由に参加できる市場で，国内の金融市場とは切り離され，各種国内規制の対象外とされています。

40：居住者と非居住者

居住者，非居住者の区分は「外国為替および外国貿易法」では次のようになっています。

国　籍	該　当　者	居住者区分
本邦人	海外支店，国際機関等に勤務のため出国した者	非居住者
	2年以上滞在する目的で出国した者	
	上記以外で出国し2年以上出国にいたった者	
	上記各に該当し，連絡，休暇等の目的で一時帰国し，滞在6月未満の者	
	本邦の在外公館勤務を目的に出国した者	居住者
	その他の者	
外国人	本邦国内事務所（本邦法人，外国法人）勤務者	
	本邦入国後6月以上経過者	
	上記に該当するが，外国政府，国際機関公務者	非居住者
	外交官，領事官およびこれらの随員，使用人（外国で任命，雇用された者に限る）	
	その他の者	

問：日本の外国為替および外国貿易法（外為法）の居住性について，正しいか誤りかを答えてください。

1 本邦法人の海外支店への勤務を目的に出国した本邦人は，その滞在期間が6ヶ月未満であれば，居住者である。
2 外国にある国際機関への勤務を目的に出国し勤務している本邦人は，その滞在期間の長短に関係なく非居住者である。
3 外国にある4年制大学へ入学のために出国した本邦人は，居住者である。
4 外国人旅行者は，本邦に入国後その滞在期間が6ヶ月未満であっても居住者である。

(検定試験改題)

答：1 ×　2 ○　3 ×　4 ×。

Coffee Break 40 を参照してください。

4　アセット・マーケット・アプローチ

　貿易による通貨の交換だけではなく，証券など各種資産の取引に伴う通貨の交換に注目するものです。資本移動は，先進国を中心に自由化され資本収支の金額も膨大なものになっていて，経常収支や貿易収支のみでは，為替レートの動きを説明できない状況になっています。そして中長期的には，このアセット・マーケット・アプローチの妥当性が証明されつつあります。このアプローチを正確に述べると，通貨と交換に入手できる資産の収益率が各国間で等しくなる水準に為替レートが決まるというものです。

　為替レートの動きを資産で説明するといわれても，いま1つイメージがわかない人もいるでしょう。人々は自国通貨建て資産だけでなく，外貨建て資産も保有しています。それをどのような比率で保有するか（しないか）は，それぞれの資産の予想収益率やリスクを考慮に入れて決定します。外貨建ての資産保有は，金利だけでなく為替レートの動きに影響を受けます。為替レートが円安になれば為替レートの変化による利益が得られ，円高になれば損失が出ること

になります。この為替レートを予想したうえで人々は資産需要を決定します。

為替レートは,主に以下の変数(ファンダメンタルズ)により影響を受けます。

(1) 経常収支:黒字→通貨高

簡単にイメージをすると,黒字国は赤字国から通貨を含めた資産を受け取ることになります。すると通貨高に進みます。以下少し理論的に説明しましょう。

累積的な黒字をもっている国では,それだけ対外資産(例えばドル資産)が国内に蓄積されていることになります。これは,それだけ為替リスクにさらされていることを意味します。リスクが高いとその資産に対して高い収益を求めようとします。したがって,対外資産の保有比率が増加すればそれだけドル資産に高い収益を求めます。こうした動きは,外国為替市場でのドル売りを通じてドル安を導きます。ドル安になれば,それだけ将来に収益が期待できるので,ドル資産の収益性は高くなります。

(2) 金利:上昇→通貨高

例えば,米国の金利が上昇すれば,日本から米国へ資金が流れ,その結果ドル買い需要が発生してドル高(円安)方向へ為替レートが動きます。

(3) その他

その他,為替レートに影響を与えるファンダメンタルズとしてはインフレ率,GDP,石油価格などもあれば,世界で起こる紛争などもあります。要人の発言で為替レートが動くこともあります。これらが本当に重要な決定要因になっているかどうかには,議論が分かれるところです。

ここで,1つ代表的なモデルを紹介しましょう。対外純資産市場を

$$F = \beta(i^* + E(e) - i)(W/e)$$

で表します。ここでeは為替レート,Fは対外純資産残高,βは総金融純資産のうち何割を対外純資産の保有にあてるかを示しています。i^*は外国の金利,iは自国の金利,eは為替レート,$E(e)$は為替レートの予想変化率,Wは総金

第14章 為替レートの決定と決定要因

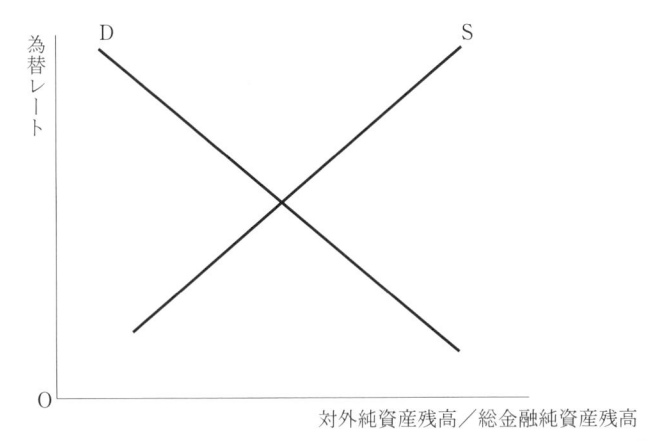

図14-1 アセット・マーケット・アプローチによる為替レートの決定

融純資産残高とします。W/e はそれを外貨建てで表したものです。$(i^*+E(e)-i)$ は外国と自国の資産の予想収益率の差を示しています。F＝…の式を W/e で割ると，

$eF/W = \beta(i^*+E(e)-i)$

になります。式の左辺は対外純資産残高と総金融純資産残高の比率で，自国通貨安になると対外純資産の自国通貨ベースでの評価が上昇しますから，縦軸に為替レート（自国通貨建て），横軸に対外純資産残高／総金融純資産をとると，右上がり（S）になります。他方，右辺の対外純資産に対する需要は自国通貨安になるほど減少するので，右下がり（D）になります。なぜなら現在自国通貨安になると，先行き自国通貨高の予想が高まり，外国資産の予想収益率が下がるからです。この交点で為替レートは決まります。

5　為替レートの予想と為替レート

現在の為替レートの水準が，現在のファンダメンタルズである金利や経常収支により決定されるという説明をしましたが，もう1つ重要な要素があります。それは，将来の為替レートの予想です。将来の為替レートの予想は，金利や経常収支といった変数の予想によって決まります。例えば，米国の金利が上昇す

ると予想されれば，たとえ上がらなくても現在の為替レートもドル高に動くのです。

ここでケインズの「美人投票」という考え方を紹介しましょう。これは美人と思われる人に投票し，一番得票を得た人へ投票した人に賞金を出すというゲームです。このゲームに勝つためには自分が美人だと思う人に投票するのではなく，他人が美人だと考える人に投票することになります。

すなわち，他人がそう信じて行動すると読めば，自分も意に反した（時には正確ではない）行動をとります。すると，それが現実の為替レートになることもあるのです。

6　金利裁定取引

2国通貨間の直物為替レートと先物為替レートの差，ならびに2国の短期金利差との間に成立する関係式から導かれるものです。直物・先物為替レートの変化率（直先スプレッド）が金利差にほぼ等しくなった状態をさします。以下，式を用いて丁寧に説明しましょう。

自国で自国金利が付される投資をする場合と，自国通貨を外国通貨に交換し（邦貨建て為替レート，例えば1ドル＝120円といった値で割ることになります），それを外国で金利が付く商品に投資し，最後にそれを自国通貨に戻す（将来の予想為替レートの邦貨建てでの値を掛けることになります）場合とは，等しくなければなりません。式で表すと現在の為替レート＝（1＋外国の金利）×将来の予想為替レート／（1＋国内金利）が成立します。つまり，完全な資本移動の状態では金利差が為替レート変動の期待値により相殺されることを示すものです。ただし，このカバーなしの金利裁定が現実に成立するかどうかには多くの議論があります。また，将来の為替リスクを回避するために，先物でカバーしたうえ，外貨で運用して国内資産に戻すカバー付きの金利裁定取引も活発に行われています。その場合には，上記した将来の予想為替レートは先物為替レートに置き換わります。このカバー付きの金利裁定は，おおむね成立しているといわれています。

もし，先物為替レートないしは直物為替レートの予想と直物為替レートの開きが金利差に一致していなければ，金利裁定を目的とした国際的な資本移動が起こり外国為替への需給に影響し，直先スプレッドが金利差に一致した点に落ち着きます。

7　オーバーシューティング・モデル

　このモデルはドーンブッシュ（Dornbusch）という研究者が1976年に発表した論文で幅広く知られています。公務員試験受験者（特に国家Ⅰ種），大学院への進学者などはぜひ知っておいてください。

　為替レートのオーバーシューティングとは，ある経済的ショック（急激な変動）に対する初期反応が長期的反応の水準より過大になることをいいます。例えば，カバーなし金利裁定の条件下で，日本の金融当局が貨幣供給量を増加させたとしましょう。このとき日本の金利は低下し物価は上昇します。ただし，物価は瞬時に調整されずに緩やかに変化します。他方，物価の上昇が予想され，金利が外国金利より低下することで，投資家は自国通貨が将来増価すると予想する場合のみ自国通貨を保有することになります。つまり，円の現在価値が長期的な水準より低くなる必要があり，ショックにより予想される長期的水準を上回る（オーバーシュート）円の減価予想が起こります。減価（為替レートが円安になる）は当初大きく，後に物価が調整されるにつれて，均衡水準に戻ることになります。

8　為替介入

通貨当局には，為替レートを望ましいと考える水準に誘導したい時があります。為替レートが乱高下を繰り返す時もあるでしょうし，円安に誘導して輸出を増加させ景気を拡大させたい誘因が働く時もあるでしょう。このように目的としては，

　① 為替レートの安定
　② 積極的にある水準に誘導

があげられます。前者のケースで為替レートの変化の方向に逆向して行われる介入は，リーニング・アゲインスト・ザ・ウィンド (leanig against the wind)，為替レートの変化と同方向に行われる介入は，リーニング・ビハインド・ザ・ウィンド (leaning against the behind) と呼ばれます。

　介入は，自国通貨と外国通貨の売買というかたちで行われます。それにより通貨の超過需要や超過供給が発生して，為替レートは動くことになります。外国為替市場の介入の結果，通貨当局の保有する外貨準備残高は増減します。もし，通貨当局が国内信用残高を一定のままに維持するならば，外国準備残高の増減はそのままハイパワード・マネー (Coffee Break 28 参照) の増減につながります。通貨当局がハイパワード・マネーを一定にするために国内信用残高を変化させて外貨準備残高の増減を相殺することを「不胎化」といいます。

　不胎化を行わないで為替介入を行うと，ハイパワード・マネーが変化するので，為替レートのファンダメンタルズ（基礎的諸条件）が変化します。

9　為替レートの動向

　1993年に，景気が一時的に回復し，日本の貿易黒字が拡大しました。また，メキシコ通貨危機の発生，アメリカ経済の低迷によりドルの価値が下落したこともあり，円高が進行しました。しかし，景気回復の足取りは重く1990年代中盤から不良債権問題が顕在化し，1997年には消費税のアップなどが実施され大幅な円安が進みました。

　1999年には，公共投資の効果が一時的に現れ株価上昇，企業業績の回復が見られ，円高が進行しました。

　2000年に入ってからは，米国の好況が持続し日本経済の低迷が明らかになり，しかも原油高が起こったことから円安が進むことになります。2001年より始まった量的緩和策も円安を助長させました。米国での同時多発テロは円高の動きをもたらしましたが，基本的な流れは変わりませんでした。しかしその後米国経済の停滞，日本経済の好調さを受けて，急激な円高が進行することになりました。量的緩和策の効果，米国経済の不調さを反映したのでしょう。ところ

が 2005 年以降は円安になりました。量的緩和の実施により内外金利の格差が大変大きくなり，（日本は低金利）高金利の通貨に資金流出を起こしたのです。2006 年に量的緩和が打ち切られますが，時期尚早ではないかといった議論が起こりました。ところが 2008 年には，近年にない急な円高が発生しました。日本経済が強くなったというよりも，米国のサブプライム問題に影響を受けたといえるでしょう。

　少し為替レートの話が長くなりましたが，日常生活に為替レートとの関係なしに生活することはできなくなっています。外貨預金はかなり浸透してきましたし，インターネットの普及により，外国の証券の売買を自由に行う時代も間近でしょう。投資への教育の必要性がますます重要になってきそうです。欧米のように，中学・高等学校などから，こうした教育がされる時代が来るかもしれません。

さらに進んだ学習のために，ぜひ読んでください

天野明弘『国際金融論』筑摩書房，1980 年
天野明弘『貿易論』筑摩書房，1986 年
石井安憲・清野一治・秋葉弘哉・須田美矢子・和気洋子・セルゲイ＝ブラギンスキー『入門・国際経済学』有斐閣，1999 年
小川英治・川崎健太郎『MBA のための国際金融』有斐閣，2007 年
上川孝夫・藤田誠一・向壽一『現代国際金融論（第 3 版）』有斐閣，2007 年
滝川好夫『やさしい金融システム論』日本評論社，2004 年
中条誠一『ゼミナール為替リスク管理』有斐閣，1999 年
藤原秀夫・小川英治・地主敏樹『国際金融』有斐閣，2001 年
藤田誠一・小川英治編『国際金融理論』有斐閣，2008 年
田中素香・岩田健治編『現代国際金融』有斐閣，2008 年

第15章

国際収支の決定と決定要因

1 国際収支とは

　国際収支とは,「一定期間における, ある経済圏 (国が多い) とそれ以外の世界との間の経済取引を, 定められた方式で計上したもの」と定義できます。それは, 主に以下に分類されます。

(1) 経常収支 (current account)

　「貿易収支 (財の国際間の取引)」「サービス収支 (運輸, 通信, 旅行, 金融など)」「所得収支 (利子, 配当など)」「移転収支 (国際機関への分担金や贈与・寄付など)」に分類されます。それぞれ, 収入が支出より多い場合が黒字, 少ない場合が赤字です。

　ちなみに, 過去に経常収支が赤字であったのは, 1967, 1973, 1974, 1975, 1979, 1980 年です。それ以外は, 黒字を計上しています。

(2) 資本収支 (capital account)

　居住者と非居住者間の金融債権・債務の移動に伴う取引を計上する「投資収支」と「その他資本収支」に大別されます。投資収支は, 直接投資, 証券投資, その他投資 (貸付け, 借入れ, 貿易信用など) に分けられます。直接投資とは海外子会社の設立や増・減資, 貸付け, 海外不動産の売買などが入ります。日本の国際収支は, 表15-1 のとおりです。

　他の文献などと比較して「基礎収支」が掲載されていないと気になった人がいるかもしれません。日本では, 1996 年から IMF の最新の基準に基づく国際収支統計を発表することになり, 廃止されました。また, 長期資本収支, 短期

第15章　国際収支の決定と決定要因

表15-1　日本の国際収支

(億円：暦年)

	1985(年)	1995	2000	2005	2008
経常収支	119,698	103,862	128,755	182,591	163,798
貿易・サービス収支	106,736	69,545	74,298	76,930	18,899
貿易収支	129,517	123,445	123,719	103,348	40,278
輸出	415,719	402,596	495,257	626,319	773,349
輸入	286,202	279,153	371,537	522,971	733,071
サービス収支	−22,781	−53,898	−49,421	−26,418	−21,379
所得収支	16,036	41,573	65,052	113,817	158,415
経常移転収支	−3,077	−7,253	−10,596	−8,157	−13,515
資本収支	−130,134	−62,754	−94,233	−140,068	−183,895
投資収支	−129,115	−60,609	−84,287	−134,579	−178,312
その他資本収支	−1,024	−2,144	−9,947	−5,490	−5,583
外貨準備増減	602	−54,235	−52,609	−24,562	−32,001
誤差脱漏	9,836	13,127	18,088	−17,960	52,098

出所) 日本銀行『国際収支統計月報』

資本収支という区別もなくなりました。

　経常収支と資本収支の関係について述べておきましょう。もし，経常収支が黒字になれば，経常取引において受取が支払を上回っていることを意味します。受取の超過分は国内の経済主体が外国に投資することになり，資本収支は赤字です。経常収支の赤字は支払の超過を意味するので決済資金を外国から融通する必要があります。このとき資本収支は，黒字となります。このように，変動相場制下では基本的に経常収支の黒字（赤字）と資本収支の赤字（黒字）は一致します。次に，国際収支の決定理論を紹介しましょう。

2　弾力性アプローチ

　価格弾力性アプローチは，主に為替レートの変化（感度）が経常収支に与える影響を，輸出品の輸出先での需要の価格弾力性に注目して分析するアプローチです。

　価格弾力性アプローチの長所としては，企業行動などミクロ的な分析が可能

になることです。それに対してマクロ的な分析，例えば経常収支の変化が生産活動，ひいては為替レートに与える影響など長期的な分析には不向きです。ここで，マーシャル・ラーナーの条件について説明します。

日本と米国の2ヶ国を考え，それぞれ輸出国通貨建てで取引を行っているとします。自国通貨で表した経常収支をBC，輸出金額をX，輸入金額をM，実質為替レートをεとすると，

$$BC = X(e) - \varepsilon M(e)$$

になります。

為替レートが1％円高（安）になると，輸出の価格弾力性（日本よりの輸出品の米国市場価格が1％上昇（低下）したとき輸出数量が何％減少（増加）するか）をqとすると，円表示の輸出金額はq％減少（増加）します。輸入の価格弾力性（米国よりの輸入品の日本市場価格が1％下落（上昇）したとき輸入数量が何％増加（減少）するか）をq^*とすると，円表示の輸入金額は$(1-q^*)$％減少（増加）します。円高（安）が日本の貿易収支（円表示）を悪化（改善）させるのは，輸出金額の減少（増加）が輸入金額の減少（増加）を上回る場合です。

その条件，$q > (1-q^*)$は，$q+q^* > 1$ と変形できます。すなわち「輸出入の弾力性の和が1より大きい場合に，為替レートは経常収支の調整に役立つ」ことになります。

これがマーシャル＝ラーナーの条件といわれるものです。詳しくは，Coffee Break 41を参考にしてください。

Coffee Break

41：マーシャル＝ラーナーの条件の導出

決して，むずかしくありません。以下の式を丁寧に追ってください。
p^*を外国の物価水準，pを国内の物価水準，eは名目為替レート，実質為替レートをεとすれば　$\varepsilon = ep^*/p$です。実質経常収支BCは，EXを輸

> 出量，IM を輸入量としたとき，実質為替レート ε の関数で，BC＝EX(ε)－εIM(ε) になります。実質為替レートの変化が経常収支に与える影響を求めると，以下の式になります。dBC/dε＝dEX/dε－IM－εdIM/dε＝IM[dEX/(IMdε)－εdIM/(IMdε)－1]。ここで初期条件として，経常収支をゼロ (EX＝εIM) とすると，dBC/dε＝IM[(dEX/EX)/(dε/ε)－(dIM/IM)/(dε/ε)－1]＝IM(η^*＋η－1) を導くことができます。η^* は自国輸出の為替レート弾力性 (dEX/EX)/(dε/ε)，η は自国輸入の価格弾力性 (－dIM/IM)/(dε/ε) です。実質為替レートの減価によって実質経常収支が黒字化する条件は，輸出入の為替レート弾力性の和が1より大きいことになります。

具体的には，日本の政策当局が経常収支を減らそうと思って円高に誘導しても，輸出商品の輸出量が価格の影響をあまり受けない場合 (例えば生活必需品になっている) は，この条件を満たさず，かえって経常収支は増大してしまいます。条件を満たさない他の例としては，石油輸入国の為替レート調整が国際収支の調整に役立っていないことがあげられています。

次に，Jカーブ効果についてもふれておきましょう。日本の経常収支は，以下の式で表すことができます。式中の記号は以下で用います。

BC＝輸出価格(1)×輸出数量(2)－輸入価格(3)×為替レート(4)×輸入数量(5)

上式の輸出価格，為替レートは円建て，輸入価格はドル建てです。ここで円安になったと仮定しましょう。(1)(3)の値は，変化しないとします。事実，価格の調整には一定の時間を要します。その他の値については，円安を仮定しましたから(4)の数値が大きくなります。消費の慣性，中長期的な契約の存在から輸出入数量(2)(5)は短期的には変化しません。この本でもすでに説明したように，貿易には一定の手続きが必要で，為替レートや価格の変化が大きくない限り，取引関係を短期的に変えるケースは少ないでしょう。すると，経常収支は，一時的に赤字になります。しかしその後は，円安により輸出(2)の増加，輸入(5)の減少が起こります。そして経常収支は黒字の方向に向かいます。図15-1はそ

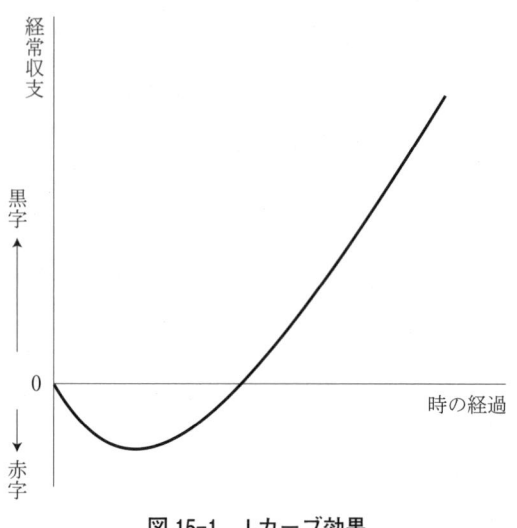

図 15-1　Jカーブ効果

の様子を表しています。

最近では，1996年の円安時にJカーブ効果が発生したといわれています。

3　アブソープション・アプローチ

次に，アブソープション・アプローチについて説明をしましょう。アブソープション（absorption）とは「吸収」という意味で，国内総生産のうちどれだけを国内総支出で吸収するかということを表します。次章で説明するIS曲線の考え方を用いると，以下のとおりになります。

YをGDP，Cを消費，Iを投資，Xを輸出，Mを輸入，Gを政府支出とすると，財のバランスは，

$$Y = C+I+G+X-M$$

になります。移項して，

$$X-M = Y-(C+I+G)$$

となります。

（C+I+G）はYに占める国内需要でアブソープションといいます。X−Mは

純輸出で，財の輸出入以外の要素（たとえばサービスの移転）も含むと考えてください。さらにアブソープションが，所得の水準に依存している部分と独立の部分で構成されているとすると，

$(C+I+G) = cY+d$

$X-M = Y-(cY+d) = (1-c)Y-d$

となります。dは恒常的（独立的）な消費と投資の合計です。この式より国内の支出性向（c）が強いほど，直接的なアブソープションが大きいほど，経常収支は減少するというアプローチ（分析）です。

弾力性アプローチとの相違はどこにあるのでしょうか。弾力性アプローチは通貨価値の下落（上昇）が価格を通じて経常収支を改善（悪化）させるかどうかを分析するものですが，アブソープション・アプローチでは別のルートを考えます。すなわち，通貨の下落（上昇）は自国の価格競争力を高め（低くし），外国からの需要を増加（減少）させ，GDPを増加（減少）させます。国内総支出の増加（減少）が国内総生産の増加（減少）を上回らない限りは，経常収支は改善（悪化）します。このように通貨価値の変化をマクロ的な視点から分析しているところに大きな特徴があります。

4　貯蓄・投資アプローチ

貯蓄と投資のバランスから経常収支を分析するもので，貯蓄・投資バランスアプローチともいいます。前節で用いたIS曲線によると，

$Y = C+I+G+(X-M)$

です。両辺から消費Cを差し引くと，

$Y-C = I+G+(X-M)$

になります。左辺は貯蓄を表すことになり，$Y-C = S$（貯蓄）とします。すると以下の式になります。

$S = I+G+(X-M)$

これより下の式を導くことができます。

$X-M = S-I-G$

民間貯蓄よりも民間投資ないし財政赤字が増大すると，経常収支の黒字が減少，赤字が拡大します。

これは，ミクロ的な分析は苦手とするものの，データの集積がしやすく，マクロ的な分析には適しているといえます。より具体的には中長期的な視点から景気循環などの影響を取り除いた，趨勢的な動きを分析するのに適しています。

> 問：民間投資が 10，民間貯蓄が 15，政府支出が 12，租税が 9 であるとき，貯蓄・投資バランス・アプローチに従うと，経常収支の値はいくつでしょうか。
>
> （公務員試験改題）
>
> 答：BC = 2
>
> T を租税とし，Y＝C＋I＋G－T＋BC とおいて，変形してください。Y－C が貯蓄です。

5　国際収支の動向

1960 年代から，日本は高度成長に入りました。軽工業から組立て型の産業，重化学工業へ産業構造がシフトし，輸出が拡大，貿易黒字が増加しました。一方，特許権や運賃，保険料の支払も増加し，サービス収支の赤字が増加，経常収支は赤字でした。やがて貿易収支の増加とともに経常収支は黒字になりましたが，その後石油ショックによる原油価格の高騰，変動相場制移行による円の切上げにより輸出が減少，1973 年から 1975 年にかけ再び日本の経常収支は赤字になりました。これと類似した現象は，1979 年の第二次石油ショックの際にも起こりました。

1980 年代に入ると，日本の国際競争力が増大しました。レーガン政権下で米国金利の上昇に伴うドル高が起こったとき，日本の輸出は増加して経常収支は黒字になりました。その後プラザ合意による円高が起こりましたが，輸出へのマイナスの影響は一時的なものでした。

1999 年から 2001 年にかけては，日本の経常収支の黒字が減少しました。こ

れまでは，国内景気が拡大すると需要の拡大を通じて輸入が増え経常収支の黒字が縮小，国内景気が後退すると輸入の減少を通じて経常収支の黒字が拡大するというのが一般的でした。しかし，この間の経常収支黒字の縮小の動きは，景気の減速下で起こっています。この背景としては，国内景気の減速による輸入の減少を，世界経済の低迷による輸出の減少が上回ったことがあげられます。経常収支の内訳としての貿易収支を見ますと，自動車や科学光学機器の輸出が好調な反面，アジアへの現地生産の増加から，半導体など電子部品や事務用機器などの輸出が減少しました。輸入はICTバブルの崩壊により半導体など電子部品や事務用機器が減少しましたが，繊維，食料品などは増加しています。

2002年以降は，さまざまな理由により経常収支の黒字は再び増加の様相を見せています。なかでも，円安，米国経済の低迷などが大きく影響しました。しかし，月次のデータですが，2009年1月には13年ぶりの赤字になりました。これには，世界的な景気低迷で米国やアジア向けの自動車，半導体輸出が減少したこと，輸入は原油価格の低落でその増加などがあげられます。

グローバル経済の現在では，もはや一国の好不況だけで経済指標が左右されるほど単純ではありません。世界各国の同時不況など世界の政治，経済情勢が複雑に絡んでいるからです。

Coffee Break

42：国際会計基準

各国の会計士団体で構成される国際会計基準委員会（1973年設立）によってつくられた，国際的な会計基準です。この委員会は民間組織であり，強制力はありませんが，2000年には，世界各国の証券市場監督機関が加入している「証券監督者国際機構（IOSCO）」が国際会計基準を，企業の国際金融市場での資金調達の指針として承認しました。この基準では，欧米で主流となっている「連結決算」や「時価会計」を採用しています。日本では，「取得原価主義」で損益計算書を重視し「低価法」が採用されて

いました。したがって，全商品が損益について決済されるまでは損益が計上されない，実現主義が採用されてきました。これは海外で通用するものではありませんでした。

グローバル化の流れによって，日本企業が国際的な競争に打ち勝つため，国際基準に合致する会計基準が求められ，「時価主義を原則としバランスシートを重視，資産・負債の増減によって計算される株主持分の増減が損益」という考え方に変わり，大幅な商法改正を余儀なくされました。具体的には，1998年3月期から，銀行，証券などのトレーディング勘定での有価証券，CD，金融派生商品などが時価評価されるようになりました。2001年3月期には，売買目的で保有する有価証券について時価評価が導入され，翌2002年3月期から持ち合い株式についても原則として時価評価にすることが決められました。

さらに進んだ学習のために，ぜひ読んでください

天野明弘『国際金融論』筑摩書房，1980年
石井安憲・清野一治・秋葉弘哉・須田美矢子・和気洋子・セルゲイ＝ブラギンスキー『入門・国際経済学』有斐閣，1999年
伊藤元重『ゼミナール国際経済入門』日本経済新聞社，2005年
日本銀行国際収支統計研究会『入門国際収支』東洋経済新報社，2000年
橋本優子・小川英治・熊本方雄『国際金融をつかむ』有斐閣，2007年
藤田誠一・小川英治編『国際金融理論』有斐閣，2008年
日本銀行のホームページ（http://www.boj.or.jp）

第16章

オープンマクロ経済学（開放マクロ経済学）

1　金融政策

　オープンマクロ経済学とは，国ごとに存在するマクロ変数を用いて，これらの決定や変動を国際的な相互依存関係のなかで分析するものです。昨今のグローバル化の状況を考えれば，現実的な妥当性が高く，重要なアプローチとして認められつつあります。なお，第Ⅰ部の分析は主にミクロ経済学を用いていますが，オープンマクロ経済学の主たる分析手法はマクロ経済学です。

　本章は，まず金融政策，財政政策の復習から入ります。この理解ができた後で，オープンマクロ経済学の世界に招待したいと思います。皆さんにとっても経済学の中で興味ある分野の1つになると思います。

　金融政策の手段については，日本銀行の説明の際に簡単にふれましたが，ここでより詳しく説明しましょう。

　公開市場操作とは，中央銀行が金融調節の目的で有価証券や手形の売買を短期金融市場で行うことで，市中の資金需要の調節をねらいとするものです。日本銀行が有価証券や手形を市中銀行から購入することは「買いオペ（オペレーション）」と呼ばれ，不況の際に施行されます。世の中にお金を流通させるのです。逆に売却することは「売りオペ」と呼ばれ，景気が過熱気味の時に実施されます。世の中からお金を吸収するのです。現在，オペの手段としては短期国債買現先オペ，短期国債買入オペ，国債借入オペ（レポオペ），CP買現先オペ，手形買入オペ，国債買入オペ，短期国債売現先オペ，短期国債売却オペ，手形売出オペなどがあります。公開市場操作は従来，米国や英国での金融政策の代表的な手段でしたが，近年では，日本でもTB（短期国債）市場の充実などにより，公開市場操作は金融政策の中心になりつつあります。なかでもオペ対象

としては，国債レポオペが増加しています。

　公定歩合政策とは，どのようなものでしょうか。すでに Coffee Break 24 でも勉強しました。公定歩合とは，日本銀行が民間銀行に貸し出すときに適用される金利でした。例えば，不景気の時には公定歩合を引き下げて景気を活性化させ，景気が過熱してインフレーションが懸念される時には公定歩合を引き上げて景気を抑制しようとします。しかし，1994年の金利自由化により，日本銀行は，公定歩合適用の日銀貸出しを金融調節の手段としないことを明言したため，公定歩合の金融手段としての地位は大きく後退しています。

　次に，準備率操作について説明しましょう。民間銀行に対して預金などの一定割合を中央銀行に預けることを義務づける制度です。この制度によって義務づけられた中央銀行預け金の額と民間銀行の債務（主に預金）との間の関係を支払準備率といい，中央銀行はその比率を操作して民間銀行の貸出し行動に影響を与えることができます。支払準備率の上昇は景気の過熱を抑制する際に用いられ，下落は景気拡大の目的で使用されます。

　この制度は当初，預金の支払不能や銀行の倒産防止を目的に設立されたようです。近年，各国ではこれを廃止したり，継続していても引き下げるケースが多くなっています。理由としては預金取り扱い機関のみにこれを適用することが不公平であること，金融革新によって支払準備と関係のない商品が多くなってきたことなどがあげられます。

　金融政策の手段として，窓口規制とか，道徳的説得といった言葉を聞いたり見たりした人がいるかもしれませんが，日本では行われていません。

Coffee Break

43：準備率操作とコスト・アナウンスメント効果

準備率操作についても，他の手段と同様，コスト効果とアナウンスメン

> ト効果が存在します。準備預金は無利子ですから，この率の引上げは銀行にとってコスト負担効果が大きく，引下げは信用乗数の増加につながります。また準備率は，金融政策の指標としての色彩が濃く，準備率の変更は，主に長期的な政策スタンスの変更として受け止められます。準備預金積立ては，1ヶ月の平均預金残高に法定準備率を掛けた値を当月の16日から翌月15日までに積み立てる方式が取られます。その積立ての進捗状況は，短期市場の動向を示す指標として重視されています。

次に，ルーカスなどによって提起された合理的予想（期待）仮説について紹介しましょう。そこでは，あらかじめ予想された金融政策は効果がなく，有効なのはそれが予想されていないときのみであるという主張がされました。さらに金融政策が予想不可能なのは，それがランダムに運営されるときであり，その場合に経済が不安定化すると主張しました。この考え方は，理論，実証，現実の各分野において，使われることが多くあります。

2　財政政策

財政政策は，以下の2つに大別されます。

　①　税額・税率の変更

　②　公共投資など政府支出の増減

景気の回復，拡張をめざすには，①に関しては減税，②に関しては増加が図られます。この説明は不要でしょう。ただし付随する効果が現れることに注意しなければなりません。以下，減税のケースで説明しましょう。

減税で民間の消費や投資活動は活発になりますが，それは資金需要の増加を招くことになりますから，金利は上昇します。また政府が減税の財源確保のために公債を発行すれば，民間の資金は公債に吸収され金利は上がります。こうした動きにより民間投資の一部が阻害される現象をクラウディング・アウト（crowding-out）と呼びます。英語の意味は，「締め出す」というものです。すなわち，景気にマイナスの影響を与える可能性があることを意味しています。

3　オープン経済下での金融政策・財政政策の効果

A．金融政策

すでに金融緩和の効果を考えましたが，対象としたのは閉鎖経済（対象となるのは一国）の状況でした。それがオープンなかたちになると，どのような効果をもたらすのでしょうか。経済活動のグローバル化を考えれば，現実的な適用性や妥当性も高いようです。

金融緩和政策で金利が低下すれば，一般的には企業の設備投資や消費者の購買意欲を高めます。ここまでは閉鎖経済下と同様です。しかし，海外に比べて金利が低下すれば，資本流出が起こり円安を招きます。円安になると日本の輸出拡大を招くので，国内はもとより対外的な側面においても景気のプラス効果をもたらします。こうした効果はグローバル下の状況で起こりえます。

ところが，日本の円安による輸出拡大は海外の景気を冷却させることになり，海外からは非難されます。こうした現象は，「失業の輸出」といわれることがあります。

B．財政政策

同じく，財政拡張政策は，対外的な側面においてはどのような効果をもたらすのでしょうか。金利が上昇することは説明しましたが，グローバル下では，資本流入と円高を引き起こします。円高は日本の輸入拡大を通じて国内は景気後退，国外は景気上昇します。

ちなみに，海外から日本に財政拡張が求められた時期がありましたが，こうした根拠に基づいています。先の説明のように，海外からは金融政策は嫌われ，財政政策の発動が好まれることになります。

> **Coffee Break**
>
> ### 44：公共事業
>
> 日本の公共事業関係費は，徐々に減少しています。2009年度の予算では，1位：住宅都市環境整備事業費，2位：道路整備事業費，3位：治山治水対策事業費，4位：下水道水道廃棄物処理等施設整備費，5位：農業農村整備事業費となっています。

4 IS・LM 分析

IS・LM 分析について説明しましょう。基本的には，今までの分析と同じことをマクロ経済学で説明しますが，変動および固定相場制下での財政，金融政策についてもあわせて説明します。以下のモデルは，マンデル＝フレミングモデルと呼ばれています。

IS・LM 曲線とは何でしょうか。少しむずかしいかもしれませんが読み進めてください。わかるはずです。

A．IS 曲線

一言でいえば，生産物市場での財の均衡を表します。Y は GDP, I (investment) は投資，G は政府支出，r は利子率を表します。財市場の均衡は以下の式で表すことができます。

$Y = C + I(r) + G$

両辺から C を差し引くと，

$Y - C = I(r) + G$

になります。左辺 S は貯蓄で，

$Y - C = S$

$S = I(r) + G$

となります。ここで消費は，

図 16-1　IS 曲線

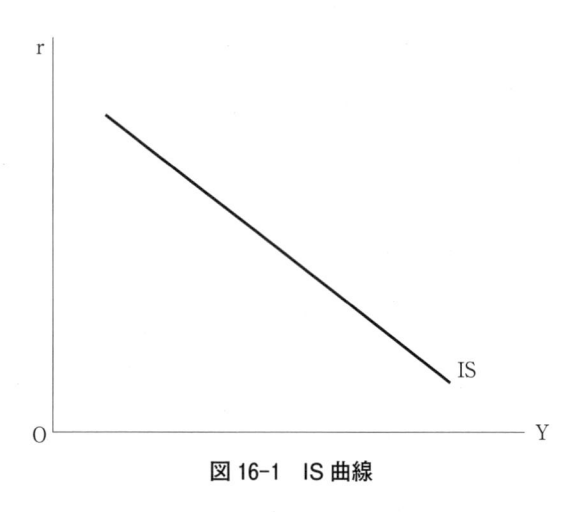

$$C = C_0 + cY$$

と考えます。C_0 は恒常的（独立的）消費で，所得と関係なく出費される部分，cY は所得 Y にリンクした部分で，Y の前に付いている c は限界消費性向を表します。すると，

$$Y = C_0 + cY + I(r) + G$$

になります。

　上式は，利子率の変化が投資に影響を与えることを意味します。一般に利子率の上昇は投資を減少させました。G は政府が決定します。

　利子率 r が上昇した場合は，投資の減少を通じて右辺の値を減少させます。右辺と左辺の値は均衡しなければなりませんから，GDP である Y が減少しなければなりません。ゆえに，r と Y をそれぞれ縦軸，横軸にとりグラフを描くと右下がりになります。この曲線は，上で説明したように S と I との関係を Y と r とのグラフで示したものですから，IS 曲線と呼ばれます。図 16-1 が IS 曲線です。

Coffee Break

45：限界消費性向と回帰分析

経済学では，限界（marginal）という概念がよく登場します。もう一個余分にあれば，といった限界効用，もう一時間余分に働いたら，といった限界生産力はその例です。限界消費性向とは，もう1単位所得が増えれば，何単位の消費が増えるかを表しています。所得をY，消費をCとすると，dC/dYになります。これを本文中ではdC/dY＝cとしています。以下に，現実のデータから限界消費性向を求める例を示します。

1995年の年間収入を10階級に分けた場合の各階級の月間消費

(単位：万円)

階級	Ⅰ	Ⅱ	Ⅲ	Ⅳ	Ⅴ	Ⅵ	Ⅶ	Ⅷ	Ⅸ	Ⅹ
収入	226	342	419	491	564	642	734	844	1,023	1,655
消費	17.99	22.86	25.44	27.26	30.25	32.68	34.98	39.22	43.25	53.19
食費	5.44	6.46	6.94	7.62	8.01	8.58	8.86	9.30	9.85	10.97

このデータから，収入と消費との関係を表す最も確かな直線を求めます。数式については，付録の数学公式4を参照してください。すると，消費＝15.53＋0.02475×収入という関係を導くことができます。この0.02475が限界消費性向です。同様に，消費と食費との関係の近似式を求めると，食費＝3.087＋0.1564×消費を導くことができます。このように，変数間の関数関係を求めることを回帰分析といいます。

B．LM曲線

一言でいえば，資産市場の均衡を表します。Lは流動性（liquidity），Mは貨幣（money）を表します。下記の式で，外生変数である貨幣供給量Mを一定に与えたときの貨幣市場を均衡させるrとYの関係を表します。

$M = L(Y, r)$

左辺のMは貨幣供給量を表し，政策当局によって決定される変数とします。右辺のLは貨幣需要関数で，貨幣需要がGDPであるYと利子率rにより決定

図 16-2　LM 曲線

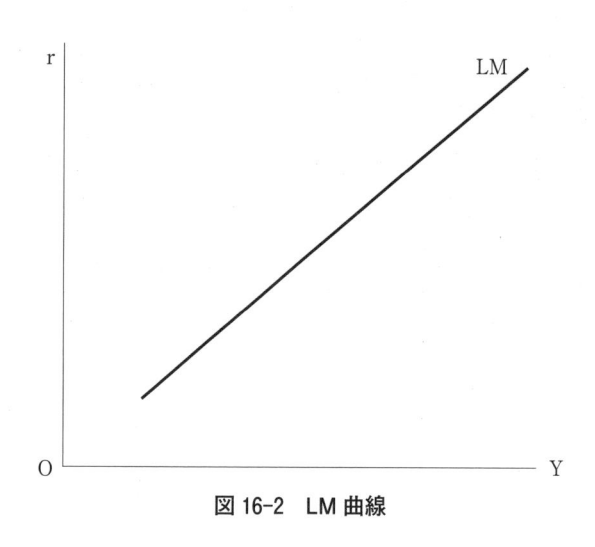

されることを示しています。ちなみに，Y が増加すると貨幣需要は増加し，利子率 r が上昇すると債券などに投資する方が有利となり，貨幣需要は減少します。

　さて，r と Y の関係はどうなるのでしょうか。上式左辺の貨幣供給を一定にすると，右辺の貨幣需要も等しく一定でなければなりません。もし，Y が上昇すると，貨幣需要は増加しようとしますが，それを打ち消すためには利子率が上昇して貨幣需要を減らさなければなりません。したがって，r と M の関係を示す LM 曲線は右上がりになります。図 16-2 は LM 曲線を表しています。

　IS・LM 曲線を同時に描くと図 16-3 のようになります。この交点でマクロ経済は均衡します。

　以下，IS・LM 分析を用いて，金融政策，財政政策の効果を考えましょう。ただし，新たなことを分析するわけではありません。先の文章で説明した，金融政策，財政政策を図と式を用いて説明すると考えてください。

　金融政策として，M を操作した場合を考えます。貨幣供給量 M を増加させたとします。不況から脱出を図るための政策手段は，いずれもこのような状況を招くことは，すでに勉強しました。IS 曲線は，M が含まれませんから変わ

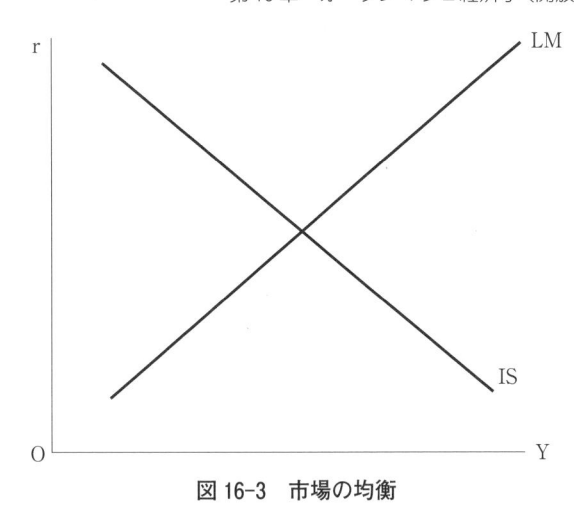

第16章 オープンマクロ経済学（開放マクロ経済学）

図16-3　市場の均衡

りません。LM曲線では式の両辺が均衡するためには貨幣需要も増加しなければなりません。そのためには，同じYに対してrが減少するか，同じrに対してYが増加しなければなりません。ゆえにLM曲線は右下方にシフトします。

　財政政策として政府支出Gを増加させた場合，すなわち，こちらも不況からの脱出を図るケースですが，それはLM曲線はGが含まれていないので変わらず，IS曲線でGDPであるYが増加するので，IS曲線の左辺のYを一定に保つためには，投資を減らすためrを上げる必要があります。したがって，右上方にIS曲線をシフトさせます。ここでLM曲線が水平な場合，財政政策の効果はあるものの金融政策の効果がないことを確認してください。

　以下，変動相場制，固定相場制下の金融政策，財政政策をそれぞれ考えてみましょう。ただし，国際的な資本移動が完全であると仮定します。

Coffee Break

46：流動性の罠

　貨幣と他の金融資産の収益率の差がなくなると，貨幣が保有されることになります。利子率が低い状態で，LM曲線は水平または水平に近くなります。こうした状態では，貨幣供給量を増加させても利子率が低下しないため，国民所得は増加せず金融政策は有効ではありません。これに対して財政支出の効果は，利子率上昇によるクラウディング・アウトを招かないので財政政策は有効で，国民所得の増加を招きます。

(1) 変動相場制下の財政政策

　変動相場制下で，財政拡大政策が採られたとします。図16-4を見てください。
　IS曲線は前記のとおり右上方にシフトします。これをIS'としましょう。すると経済は，LM曲線とこのIS'の交点で均衡しますが，これでとどまりません。金利が上がっていますので自国通貨は増価（円高）します。すると輸出が減少し，

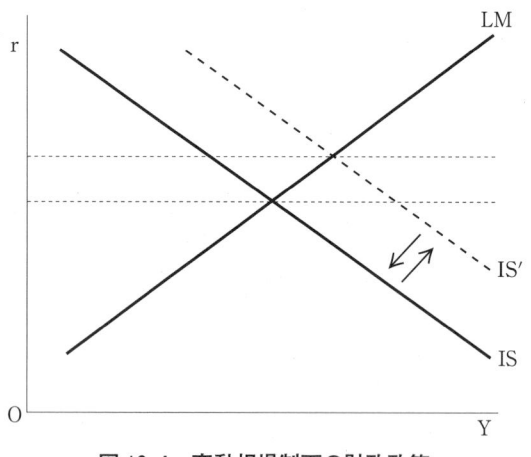

図16-4　変動相場制下の財政政策

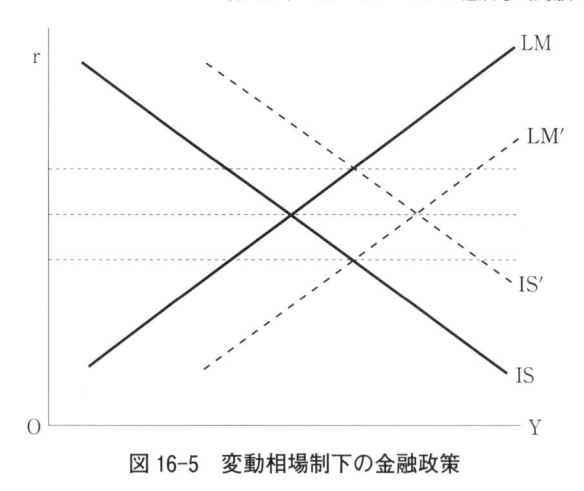

図 16-5 変動相場制下の金融政策

IS 曲線は IS′ から IS へ戻ります。金利水準は完全移動が保証されていれば、自国と外国の水準が等しい元の水準に戻ります。したがって変動相場制下で拡張的な財政政策を行っても所得は最初の所得に戻ることになり効果はありません。

(2) 変動相場制下の金融政策

　同じ変動相場制下で金融政策、ここでは金融緩和政策が採られたとします。図 16-5 で説明しましょう。すでに説明したように、LM 曲線が右下方にシフトし、LM 曲線は LM′ になり金利が低下します。すると通貨の減価が起こり、輸出が増加します。それにより、IS 曲線は右上へシフトします。これが IS′ です。そして、自国利子率と外国利子率が同じところで均衡します。このとき所得は、増加しています。このように、変動相場制下での金融政策は、景気拡張という目的に対して有効な効果をもたらすのです。

(3) 固定相場制下の財政政策

　現在、日本など先進国では変動相場制が採用されていますが、固定相場制の場合についても説明しておきましょう。実は、変動相場制下とはまったく異な

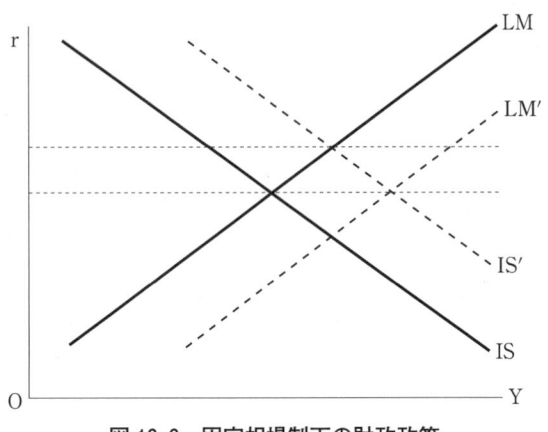

図 16-6　固定相場制下の財政政策

る影響が出てくるのです。

　図 16-6 を用います。固定相場制下で，財政拡大政策が採られたとします。IS 曲線は，変動相場制の場合と同じく右上方にシフトします。これを IS′ としましょう。これにより自国利子率に上昇圧力を与えます。すると，為替レートが増価する方向に動こうとします。しかし，為替レートは固定されています。そこで当局は自国通貨を売って，外国通貨を買う介入を行います。すると，貨幣供給残高が増加するので，LM 曲線は右下の LM′ へシフトします。その結果，所得は増加します。このように固定相場制下では財政政策は有効に機能します。

(4)　固定相場制下の金融政策

　図 16-7 で説明します。LM 曲線は，LM′ にシフトします。すると金利が下がり，自国通貨は減価の方向に動きます。しかし固定相場制下では，それは認められません。そこで通貨当局は外国通貨を売って，自国通貨を買う介入を行います。これは貨幣供給残高の減少を意味します。すると所得が減って，LM′ 曲線は LM にシフトして戻ります。固定相場制下での金融政策は所得に効果を及ぼさないことになります。

　以上の議論を，結論だけまとめたものが表 16-1 です。

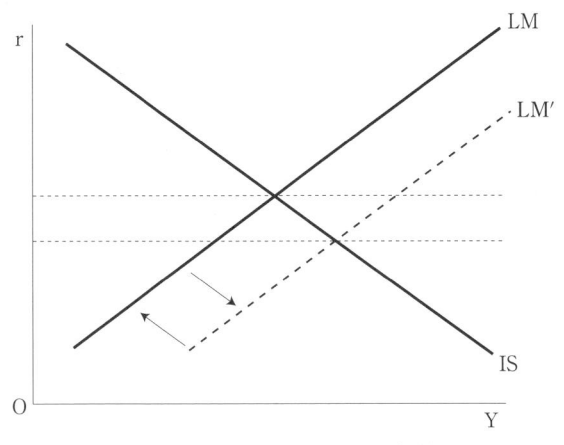

図16-7 固定相場制下の金融政策

表16-1 変動相場制・固定相場制下の財政・金融政策のまとめ

	財政政策	金融政策
変動相場制	無効	有効
固定相場制	有効	無効

Coffee Break

47：クラウディング・アウトとIS―LM曲線

　クラウディング・アウトについては，IS・LM曲線を使用すれば正確に理解できます。図で説明しましょう。元のIS曲線ISが，財政の拡張政策で右にシフトし，IS′になったとします。LM曲線は変わりませんから，均衡点はEからE′に変わります。この場合，E点の金利をr，所得をY，E′点の金利をr′，所得をY′とします。金利rの水平線のIS′曲線との交点E″に対応する所得Y″は，何を意味するでしょうか。財政拡張政策を発動した直後はただちに金利は動きません。すると，所得はY″に増加します。しかし，図のとおり新しいIS′曲線とLM曲線との交点に均衡点が移りま

す。この点では，金利が r' に上がり，所得は Y' になります。一旦 Y'' に上がった所得が，金利上昇により Y' にさがることをクラウディング・アウト効果といい，$Y''-Y'$ がクラウディング・アウトの値になります。

話は変わりますが，経済学の問題は数式で考えるのも重要ですが，図，表にして考えるとわかりやすいことがあります。

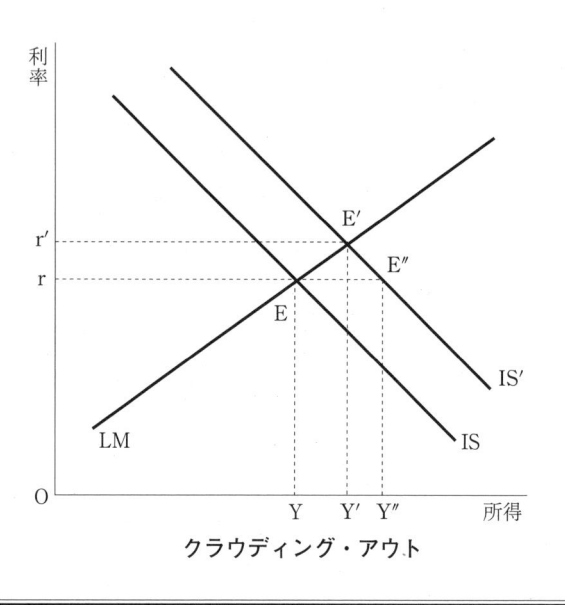

クラウディング・アウト

問：以下のようなIS・LMモデルを考えます。

IS：$Y=-0.2r+U$

LM：$m=Y-0.05r+V$

ただし，Yは実質GDP，rは実質利子率，mは実質マネーストックとします。UとVは平均値0の撹乱項でお互いに独立とします。マネーストックを一定にしたほうが利子率を一定にするよりも実質GDPの分散を小さくするのに有効なのは，UとVの分散の比率がいくらより大きいとき

でしょうか。

(公務員試験改題)

答：σ^2_u/σ^2_v は 3 分の 2 以上になります。

マネーストックについては Cofee Break 16 参照。分散については統計学を参照。実質 GDP の平均値を Y_0 とします。利子率 r が一定の場合，IS 曲線より実質 GDP の平均値周りの分散は $E(Y-Y_0)^2 = E(U)^2 = \sigma^2_u$ です。ただし E は期待値。これを①式としましょう。次に 2 つの式より r を消去して $Y = 0.8m + 0.2U - 0.8V$ が導出されます。マネーストック m を一定とすると，$E(Y-Y_0)^2 = E(0.2U - 0.8V)^2 = 0.04E(U)^2 + 0.64E(V)^2 = 0.04\sigma^2_u + 0.64\sigma^2_v$ です。これを②式とします。②<①から $0.04\sigma^2_u + 0.64\sigma^2_v < \sigma^2_u$ となります。

問：ある国の経済が以下のように定められています。

$Y = C + I + G$

$C = 0.8Y + 40$

$I = 120 - 20i$

$L = 0.2Y - 20i + 90$

$M = 100$

ただし，Y：国民所得，C：消費，I：民間投資，i：利子率，G：政府支出，L：貨幣需要，M：実質貨幣供給量とします。政府支出が 10 増加したとき，民間投資はどうなるでしょうか。

(公務員試験改題)

答：正解は－5 です。

$Y = C + I + G$ と $L = M$ より，Y，C，i を消去し，I と G の関係式を求めると，$2I + G = 90$ になります。左辺で G が 10 増え，右辺の 90 が保たれるためには，I は 5 減らなければなりません。

問：完全雇用国民所得が 500 億円であり，現在の均衡国民所得が 380 億円，限界消費性向が 0.8 である場合，減税によって完全雇用を達成するには，政府はいかほどの減税を行う必要があるでしょう。

(公務員試験改題)

答：30 億円の減税が正解です。

限界消費性向とは，可処分所得のうち，消費に回る分の割合です。所得をY，消費をC，租税をTとすると，可処分所得はY－Tとなりますから限界消費性向をcとすると，Y＝C＋I＋G，C＝c(Y－T)，Y＝c(Y－T)＋I＋Gと表わせ，変数の変化の式は$dY = cdY - cdT + dI + dG$となります。I，Gは一定ですから$dI = dG = 0$。式に$c = 0.8$，$dY = 500 - 380 = 120$を代入すると$dT = -30$となります。

問：マクロ経済が以下の式で与えられています。

$Y = C + I + G + X - M$

$C = 0.7Y + 20$

$M = 0.2Y + 10$

ただし，Yは国民所得，Cは消費，Iは投資，Gは政府支出，Xは輸出，Mは輸入です。政府支出が30，投資が50，輸出が60であるとき，貿易収支を均衡させるためには，政府はその支出をどのように変化させなければならないでしょうか。

(公務員試験改題)

答：15減らせばよいことになります。

$Y = C + I + G + X - M$にそれぞれの式を代入すると，$Y = 2I + 2G + 2X + 20$となります。右辺にそれぞれの値を代入すると，$Y = 280$になります。貿易収支を均衡させ$X = M$とおくと，$M = X = 60 = 0.2Y + 10$になり，$Y = 250$になります。Yを280より250に減らさなければなりません。$Y = 2I + 2G + 2X + 20$より，左辺のYを30減らすためには，右辺のGを15減らせばよいことになります。

問：以下の経済において，政府支出が20単位増加された場合，クラウディング・アウトにより失われる国民所得はいくらになるでしょう。ただし物価水準は一定で，政府支出は外生変数です。

$Y = C + I + G$

$I = 0.2(Y - Y_{-1}) - 10r + 100$

$C = 0.64Y + 50$

L = 0.64Y − 8r + 200

M = 250

ただし，Y：国民所得，C：消費，I：投資，G：政府支出，Y-1：前期の国民所得，r：利子率，L：貨幣需要量，M：貨幣供給量

(公務員試験改題)

答：80 減少します。

政府支出が 20 単位増加された直後は金利は直ちに上昇しません。Y_{-1} は変化しません。実物市場の均衡条件は $0.2Y = 150 − 0.2Y_{-1} − 10r + G$ です。変化をとると，$0.2dY = −10dr + dG$。dG = 20 ですから dY = 100 になり，($Y'' − Y = 100$) IS 曲線は右に 100 シフトして IS′ 曲線になります。金融市場は L = M で，$0.64Y − 8r = 50$。クラウディング・アウト($Y'' − Y'$)を x とし，新しい均衡点と従来の均衡点との金利差を LM，IS′ 両曲線の勾配を用いて表すと次式が成立します。$0.02x = (100 − x) × 0.08$ これを解いて x = 80 減少します。

問：変動相場制下の開放マクロ経済が，以下で与えられています。

Y = C + I + G + B

C = 20 + 0.8Y

I = 38 − 50r

B = 40 − 0.1Y + 0.2e

0.2Y − 300r = M

r = r*

Y：国民所得，C：消費，I：投資，G：政府支出，B：純輸出，r：国内利子率，e：為替レート，M：貨幣供給量，r*：外国の利子率

G = 50，M = 98，r* = 0.04 のとき，均衡における為替レートの値をもとめてください。

(公務員試験改題)

答：95 になります。

貨幣市場の均衡条件より，$0.2Y − 300 × 0.4 = 98$ これより Y = 550 になります。財市場の均衡条件より，為替レートは 95 になります。

問：資本移動が完全な変動相場制下で，小国の仮定を満たす開放マクロ経済が以下のモデルで与えられているとします。

$Y = D + G + BC$

$D = 30 + 0.8(Y - T)$

$BC = -50 + 3E - 0.4Y$

$BK + BC = 0$

Y：国民所得，D：民間需要，G：政府支出，BC：純輸出，T：税収，E：為替レート（自国通貨建て），BK：資本収支

このとき，何らかの理由によって，外国への独立的な資本流出があり，資本収支が5減少（赤字化）しました。このとき，為替レートと国民所得はどうなりますか。

（公務員試験改題）

答：為替レートは5減価し，国民所得は25増加することになります。

国際収支の条件から，$BC = -BK$。変化分をとると，$dBC = -dBK = -(-5) = 5$ が純輸出の変化です。財市場の均衡条件は $Y = D + G + BC$ で $0.2Y = 30 - 0.8T + G + BC$ となり，この変化分をとると $0.2dY = dBC$ で $dY = 25$ になります。純輸出の式の変化分をとると，$dBC = 3dE - 0.4dY$ で，$dE = (dBC + 0.4dY)/3 = 5$ になります。

さらに進んだ学習のために，ぜひ読んでください

伊藤元重『マクロ経済学』日本評論社，2002年

小川英治『国際金融入門』日本経済新聞社，2002年

河合正弘・須田美矢子・翁邦雄『ゼミナール国際金融　基礎と現実』東洋経済新報社，1993年

吟谷泰裕・中野正裕・高屋定美・西山博幸『国際化時代のマクロ経済学』実教出版，2006年

栗原裕『経済学・宣言』学文社，2006年

第 16 章　オープンマクロ経済学（開放マクロ経済学）

須田美矢子『ゼミナール国際金融入門』日本経済新聞社，1996 年
西野万理・丸谷冷史編『新しい経済政策論』有斐閣，2002 年
宮尾龍蔵『コアテキストマクロ経済学』新世社，2005 年
浜田宏一『国際金融』岩波書店，1996 年
花輪俊哉・小川英治『金融経済入門（第 2 版）』東洋経済新報社，2009 年
福田慎一・照山博司『マクロ経済学・入門』有斐閣，2005 年
家森信善『教養としてのマクロ経済』中央経済社，1999 年
吉川洋『マクロ経済学』岩波書店，2001 年

第17章

金融工学（デリバティブ）

1　デリバティブとは

　金融市場では，さまざまなかたちでの革新が進んでいます。その最たるものが，デリバティブといっても過言ではないでしょう。デリバティブ（derivative）とは「派生」という意味で，既存の金融商品や取引手段から派生してきたもの，と定義できます。金融派生商品とも呼ばれます。金融の世界では，支払が他の原資産の価格や支払とリンクされた資産と定義できます。原資産には，金利，通貨，株式などがあり，具体的な取引形態としては先物・先渡し，オプション，スワップなどがあります。

　デリバティブの取引額は大きく飛躍しています。銀行や証券会社などの業界のみならず，企業や消費者のレベルにまで影響を及ぼしています。もはや一部のプロフェッショナルな世界の人々のものではなくなっています。

　デリバティブは，一時期「魔物」などと呼ばれました。たしかに，この取引により大きな損失を被った例は多数あります。1995年の英国の証券会社ベアリング社の倒産はその代表例ですし，1987年のブラックマンデー（株価の大きな下落。同年10月19日，ニューヨーク市場の株価は1日で23％下落しました），1992年の欧州通貨危機にもデリバティブが大きくかかわっていたといわれています。日本でも，2007年から2008年にかけて多くの企業がこのデリバティブにより損失を被りました。リスクの大きさもさることながら，契約条件をきちんと把握，理解したうえで取引を行うことを忘れてはいけません。

2　先物・先渡し

　先物については，すでに説明をしました。先物・先渡取引は，いずれもあら

かじめ決められた将来の一定時期に，あらかじめ決められた価格で資産を売買するものですが，先物取引は価格，数量，決済日などが標準化されている点，実在しない商品の取引も対象とする点，証拠金の積立てを要求されるのが一般的である点などが先渡取引と異なります。

簡単な（しかし重要な）例で説明しましょう。皆さんが1ドル＝120円で，3ヶ月後に100ドル分の売却をすると約束したとします。参考までにこの取引は先渡しです。ところが，3ヵ月後に1ドル＝140円になっていたとしましょう。先渡しの契約をしていなければ（手数料などを考えなければ）皆さんは140円×100ドル＝14,000円を手にします。しかし，皆さんは先渡し契約をしています。ゆえに，為替レートがどのようになろうとも，120円×100ドル＝12,000円しか手に入りません。むろん為替レートが逆方向，すなわち円高になれば利益を得ることになります。

Coffee Break

48：先物と先渡し

日本で最初の先物取引は，1730年に行われた堂島の米取引であるといわれていますが，それは厳密には先渡取引（forward）のことです。先渡取引とは，あらかじめ決められた将来の一定時期に，あらかじめ決められた価格で資産を売買するものです。先物取引とは，基本的に先渡取引と同様ですが，価格，数量，決済日などが標準化されている点，実在しない商品の取引も対象とする点，証拠金の積立てを要求されるのが一般的である点などが先渡取引と異なります。この点は，本文でも少しふれたところです。日本の代表的な金融先物商品としては，債券先物，日経225先物，ユーロ円金利先物などがあります。

3　オプション

　オプションとは,「選択」の意味です。旅行などの「オプショナル・ツアー」などといった言葉から類推できるかもしれません。金融の世界では,購入者に対して資産の売買の権利を与える(義務はない)ものをオプションといいます。コール・オプションは購入者に資産購入の権利を,プット・オプションは購入者に資産売却の権利を与えるものです。買い手は,売り手に対して金利,為替レートの変動に対するリスクを回避する対価としてオプション・プレミアムを支払います。オプション・プレミアムはこうしたリスクのほか,権利行使価格,原資産価格,残存期間,資産価格の変動性などにより決定されます。

　日本では,日経225オプション,TOPIXオプション,国債先物オプションが代表的な商品です。

　ここでも具体例で説明しましょう。皆さんがドルを一定価格,1ドル＝120円で買う権利,すなわちコール・オプションを購入したとします(オプション・プレミアムは考えません)。権利行使日に1ドル＝140円になったとすると,ドルのコールを購入しているので,権利を行使することによって,1ドル当たり20円の利益を得ます。逆に1ドル＝80円になると,権利を行使すると1ドル当たり20円損をすることになります。ここでよい方法があります。権利を行使しなければよいのです。権利を行使するかしないかがオプションなのです。

　むろん,その対価としてオプション・プレミアムがあります。オプションを購入すれば,プットでもコールでもオプション・プレミアムを支払わなければなりません。ゆえにオプション取引(購入)による利益は,オプション取引による利益から,オプション・プレミアムを差し引いた金額になります。

　最後に,この例のように,リスクを見込んで一般的に適用されている金利(手数料など諸費用を含む)に上乗せされる金利(諸費用)をリスク・プレミアムといいます。オプション・プレミアムがプレミアムの条件を明示しているのに対し,リスク・プレミアムは当時者の判断で変わります。

> **問**：1ドル＝120円で1,000ドル買う権利を購入するオプション取引を行いました。プレミアムは1,000円でした。満期日の為替レートが130円であったら，この投資家はいくら得するかあるいは損するでしょうか。
>
> （検定試験改題）
>
> **答**：9,000円得をしたことになります。
>
> オプション取引を契約していなければ，1ドル当たり130円，すなわち130年×1,000ドルで130,000円払わないといけません。したがって，権利を行使して，120円×1,000ドル＝120,000円を支払います。さらにプレミアム1,000円も払います。ゆえに，130,000円－120,000円－1,000円＝9,000円。

4　スワップ

　スワップ取引とは，将来のある時点で互いの異種の債務と債権を合意のうえで交換することです。金融の分野では，債務の交換を示すことが多いです。代表的なものとしては，固定金利を支払わなければならない債務と変動金利を支払わなければならない債務を交換する金利スワップ，異種通貨間，例えば円建て債務をもつ主体とドル建て債務をもつ主体が，お互いの債務を交換するような通貨スワップがあります。前者の例では，変動金利の支払義務があるものの，金利が上昇すると予想すれば，債務を固定金利で支払義務のある債務者と交換します。取引当事者間への市場での評価，取引当事者の見通しの相違が，取引を行う源泉となります。

　類似した言葉として，スワップションがあります。これはスワップとオプションの組合せです。将来のある時点ないしは一定期間内に，あらかじめ決められた条件でスワップを開始することができる権利です。

　簡単な例としては，日本企業が米国へ進出し，現地で事業を展開するようなケースを考えます。米国での事業展開のために，多額のドルが必要になりました。国内の金融機関からは信認が厚いものの，米国ではほとんど知られていな

いこの企業は，高利の金利を要求されてしまいました。日本の金融機関から円を借り入れる際には，高い信用力で低利での調達が可能です。一方，米国にも同じような企業が存在したとしましょう。日本へ進出したものの，円が高利でしか入手できず困っているとします。この企業も，米国では低利での資金調達が可能です。このとき，どうすればよいのでしょうか。もうおわかりでしょう。

日本企業はいったん円を借ります。そこでは有利な条件，すなわち低利での資金調達が可能です。一方，米国企業はいったんドルを低利で調達します。そして両者でドルと円を交換すればよいのです。

問：ある会社の株価は市場で効率的に決定されていると仮定します。1株当たりの配当額は30円，株式所有者がこの会社の株式に要求するリスク・プレミアムを3％，同じく株価の予想上昇率を4％，長期金利を4％とします。株価はいくらでしょうか。

(公務員試験改題)

答：1,000円です。

株価の収益率 ρ は，t期の株価を P_t，t+1期の予想株価を P^e_{t+1}，配当を d とすると，$\rho = (d/P_t) + (P^e_{t+1} - P_t)/P_t$ です。市場が効率的であれば，株式の収益率と長期金利＋リスク・プレミアムは一致します。長期金利を i，リスク・プレミアムを β とします。すると，$(d/P_t) + (P^e_{t+1} - P_t)/P_t = i + \beta$ になります。ゆえに $P_t = (d + P^e_{t+1})/(1 + i + \beta)$ になります。予想株価上昇率を g とすると，$P^e_{t+1} = (1+g)P_t$ です。整理すると，$P_t = d/(i + \beta - g) = 30/(0.04 + 0.03 - 0.04) = 1,000$ 円。

問：スワップ取引について正誤を答えてください。

1　スワップ取引とは，異なる通貨や金利に交換することによって，資産・負債を実質的に希望する保有形態に組み換えることができる金融手法をさす。
2　スワップ取引の代表的なものには，金利スワップと通貨スワップがある。
3　米ドル建て変動利付債券を発行して，それと円建て固定金利とのスワ

> ップ取引を行えば，実質的に円建て固定利付債券を発行したのと同じ効果が得られる。
> 4 スワップ取引の会計処理を行うとき，その裏づけとなる負債や資産があれば，オンバランス取引として扱われる。
> 5 契約期間1年以上の取引を行うなど，スワップ取引で中長期資金の調達が可能になる。
>
> （検定試験改題）
>
> 答：1 ○ 2 ○ 3 ○ 4 ×：オフバランス取引 5 ○

　そのほか，通貨取引の例としてしばしば引用されるのは，1981年にIBMと世界銀行が行ったものです。この例はしばしば引用されますので，紹介しておきましょう。

　IBMは，設備投資資金として多額のドル需要がありましたが，一部をフランやマルク（当時）で調達してドルに交換していました。ところが1981年にフランとマルクが減価し，債務をドル建てにすると多額の為替差益を得るチャンスがありました。

　他方，世銀は発展途上国への貸付資金の調達のため，フランやマルクなどでの低金利の債券発行を計画していました。フラン・マルク建て世銀債には過剰感が出ており，低利での調達は困難でした。ただし世銀は，米国市場での評価は高く，ドル建てでは相対的に有利な条件での調達が可能でした。

　この両者のニーズを知ったのは，金融機関（ソロモン・ブラザーズ）でした。IBMのフラン・マルク建て債務の交換を条件に世銀にドル建て債の発行を提案し，世銀はそれに見合うドル債を発行，スワップが成立しました。世銀は，ドル債を発行するものの，フラン・マルク債の負担しました。これによりIBMは為替リスクをヘッジするとともに，為替差益を享受し，世銀はフラン・マルク建てでの低利の資金調達が可能になりました。ソロモン・ブラザーズも

多額の手数料を手にしたわけです。

デリバティブには，利益を得る可能性があることはもちろんですが，リスクに対するヘッジ効果，少ない元手で高額の取引が可能な（1割程度の証拠金で取引が可能）レバレッジ効果も期待できます。さらに，先物，金利スワップなどは，売買時点で元本を必要とする従来の取引（オンバランス取引）に対して，元本を必要とせず貸借対照表に表れないオフバランス取引に分類され，自己資本比率の改善に役立つ効果があって，人気を集める理由の1つになっています。

Coffee Break

49：新しい決済—CLS銀行，決済専門銀行，ネット銀行

CLS銀行（Continuous Linked Settlement）設立の具体的な動きは，BCCI事件やベアリングス社事件を契機にして，1995年のG−20での討議から始まりました。BISが外為決済リスクの削減，多通貨によるサービスの必要性を明らかにし，この方向に沿って設立されたのが，CLS銀行で，17ヶ国，65の金融機関が出資して創設されました。決済に特化した銀行で，外為リスクの削減を目的にしています。

CLS銀行の役割は，簡単にいえば各国中央銀行をつなぐことです。CLS銀行は各国中央銀行に口座を保有して，決済に加わるメンバーがCLS銀行に支払をする際には，各国のRTGSシステムを用いて各中央銀行のCLS口座に払い込みます。一方，決済を行うメンバーはCLS銀行に口座を保有します。CLS銀行の特徴は，時差に伴うリスク，すなわちヘルシュタット・リスクが削減されることです。なぜなら，参加者の最終的なポジションは，各国中央銀行の当座預金振替により参加者とCLSの間で決済されるからです。これにより，信用リスクやオペレーショナル・リスクの削減にもつながります。

近年，決済に特化した銀行やネット専業銀行が登場しています。決済専門銀行は，銀行が大きな業務としてきた融資活動は基本的に行いません。鍵となるのは，いうまでもなく収益性です。店舗を開設せず，コンビニエンスストアなどを用いる形式が増加していて，人員の削減につながる利点がありますが，決済を行う以上，決済システムに加入しなければならず，

> 加入コストの負担が必要です。ネット専業銀行も，インターネットや携帯電話の普及で利用者の利便性が大きくなり，銀行側には店舗コストの低減，人件費の削減などの利点がありますが，決済システム・コストの負担増，決済システムの脆弱化，競争の激化による決済手数料の減少など問題点もあります。事実，日本ばかりではなく，米国でも経営状況は厳しい状況です。

さらに進んだ学習のために，ぜひ読んでください

大村敬一・池尾和人・須田美也子・浅子和美『経済学とファイナンス』東洋経済新報社，2004年

大村敬一『現代ファイナンス』有斐閣，1999年

斎藤誠『金融技術の考え方・使い方』有斐閣，2000年

ハル，J.C.(小林孝雄訳)『先物・オプション取引』ピアエジュケーション，2001年

栗原裕「金融派生商品」藤原賢哉・家森信善編『現代金融論講義』第12章 中央経済社，1997年

第18章

電子決済の時代

1 電子マネーとは

さて,この本もいよいよ最終章を迎えることになりました。今後,発展が見込まれる電子取引の話をして締めくくりましょう。

電子マネー(digital cash)という言葉が登場して,15年以上経ちました。インターネットをはじめとしたネットワークの構築,通信インフラのコスト削減,IC(集積回路)の技術革新による製造コスト低下によって,1990年代中盤,電子マネーは一時的に増加しましたが,一方的な右肩上がりの成長はなし得ず,一時期はその言葉を聞く頻度は,むしろ減少した感さえありました。日本で普及しなかった理由としては,すでにATMが各地,各所に存在したこと,目で確かめることができる現金とできない電子マネーとの感覚的なちがい,どこで買い,どのように使うのか,利用者がわかっていなかったなどの初歩的な問題に加え,増加への誘引となる新商品が未開発であったことがあげられます。

ところが,実験段階から,関係者が加盟店,利用者にとっての利便性を徹底的に追及し,着実に浸透させてきたことが実を結び,2000年代に入って数年で状況は一変し,2006年,2007年は電子マネー普及元年と云われるほどの様相を呈しました。発行者が増加するとともに,機能,利便性も飛躍的に進歩,上昇し,電子マネー機能つきの定期券や携帯電話などが,生活のインフラに組み込まれ,その利用者が激増しました。マイレージも電子マネーの一種に位置づけられます。「陸マイラー」いう言葉は航空機に乗らないでマイルを貯めるマイル利用者のことをさします。このように,最近では,電子マネーは日常生活のなかに浸透し,その仕組み,状況についての知識は,いまや必要不可欠です。

第18章 電子決済の時代

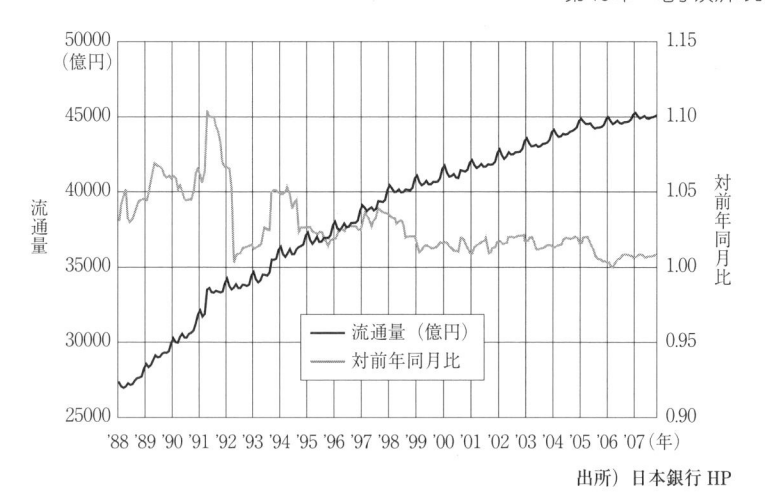

図 18-1 貨幣流通量

2006年3月，金融の分野で大きな出来事がありました。それは，硬貨の流通量が，初めて前年同月に比べて減少したのことです。図18-1を見てください。

すでにお気づきと思いますが，減少したのは小額硬貨でした。電子マネーも通貨の一種であり，その発行量と通貨需要との間には正の相関関係が存在すると考えられますが，少額決済を中心に行われる特徴から，小額貨幣（コイン）との負の因果関係が明らかになったと考えられ，在来の経済理論とは異なる動きを引起していたことになります。

2　電子マネーの特質

電子マネーは，表18-1のように分類されています。現時点ではクローズド・ループのICカード型が主流であり，クレジットカードとの相違点は表18-2のとおりです。

ただし，クレジットカードのなかにも，非接触型のICチップを搭載し，署名などを必要としない，電子マネーと区別のつかないものも現れていますし，お財布携帯に代表される携帯電話利用の電子マネーはクレジットカードの一種

表 18-1　電子マネーの分類

分　類		特　徴
使用形態 （メディア）	IC カード型	マネー（価値）をカード内に移して保持し，利用者は現金の代わりにカードで支払い
	ネットワーク型	マネーをパソコンあるいはサーバーに移して保持。ネットワーク上で商品の購入，決済を実施
流通形態	クローズド・ループ型	他人に譲渡不可能。最終的にマネー（価値）は発行主体に還流
	オープン・ループ型	価値が発行主体に戻らないこともある。「転々流通性」が存在
支払い形態	プリペード方式	あらかじめカード内に入金して使用
	ポストペード方式	使用後後払い（クレジットカード利用）

表 18-2　IC カード型電子マネーとクレジットカードの違い

	IC カード型電子マネー	クレジットカード
利用者	本人以外も可	本人のみ
決済金額	残高範囲	与信範囲
決済時期	即時	後日

で，境界線はますます曖昧になりつつあります。

　電子マネーのメリットとデメリットについて考えてみましょう。まず利点として，

① 消費者にとって，小銭のわずらわしさからの解放，決済時間の短縮，盗難時の損害が少ないこと（残高までが限度）などの利点があり，ネットワーク型では，購入・資金決済場所が不必要であること，閲覧性がよく，外貨使用の簡易さ，家計管理の容易さ，そして，セキュリティの高さなどがあげられます。

② 加入店舗側には，各型に共通の利点として，現金ハンドリング・コストの削減，きめ細かい価格設定，集客力の拡大，他店との差別化など。

③ 発行・運営主体には，店舗コストの低減，人件費の削減，カード会社（すでにインフラを所有）との提携の可能性など。最近流行している「非接触」の

「ICカード型」は耐久性に優れ，鉄道など使用頻度の高い用途では，賦課コストも安くなり大きなメリットがあります。さらに，電子マネーは匿名性があるが，客層および購買行動をその番号から計り知ることもできるので，在庫管理のみならず，販売戦略にも役立ちます。

一方，問題点も存在します。

① 消費者には，個人情報の保護，発行主体倒産時の保護，ネットワーク犯罪に対する国際的ルールなど。
② 加入店舗側には，コストの負担増，端末が少ないことが不便。
③ 発行・運営主体にとっては，決済システム脆弱化，決済手数料負担，店舗数減少に伴うリストラの加速，大規模投資への逡巡，などがあげられます。
④ 端末の共用化，併用化も共通課題です。

3　最近の動向

教科書としての性格上，発行者の名は伏せましたが，主な電子マネーの発行枚数，利用可能店舗数，利用回数を表18-3，18-4に示します。

スーパーマーケット，コンビニエンスストアなどでの決済が電子マネーで行われ，小額決済が電子マネーで決済されるようになることは，一般社会の決済システム，特に小額決済の仕組みを一変させる可能性があり，企業，店舗にとって無関心ではいられなくなってきました。金融機関また然りです。

おなじみの鉄道関係のICカードも進化しています。D社が展開する電子マ

表 18-3　非接触ICカード型：プリペード方式

名　称	発行主体	発行枚数（万枚）	利用可能店舗数	利用回数（万／月）
A	流通・小売	3,270	68,000	2,000
B	流通・小売	452	2,083	231
C	流通・小売	457	11,848	3,300
D	鉄道	1,854	19,990	2,000
E	鉄道	305	272	34.5

出所）ITmedia, Inc. 調べ（2007年8月末現在）

表 18-4　非接触 IC 型：ポストペード・クレジットカード方式

名　称	発行主体	会員数（万） （うちお財布携帯分）	利用可能店舗数	利用回数 （月間）
F	携帯電話 クレジットカード	365（285）	非公表	非公表
G	JCB，トヨタファイナンス他	265（非公表）	非公表	非公表

出所）ITmedia, Inc. 調べ（2007 年 6 月末現在）

ネー（IC カード）は発行枚数もさることながら，首都圏の交通機関を利用する時，その利用者数の多いことに驚かされる。最近では，首都圏私鉄連合が発行するカードと組み，首都圏の JR，私鉄，地下鉄での乗り降りが可能となりました。しかも，沿線加盟店での買い物もでき，利用者にとっては切符購入の手間が省け，改札の混雑緩和のみならず，日常生活上のメリットも大きく広がりを見せています。提供者側にとっては，自動改札機の磨耗を防ぐことひとつを考えてもメリットは大きく，将来は券売機の削減，駅スペースの効率的な利用も進められるでしょう。さらに，東西日本の主要鉄道間の相互利用も実現する見込みです。

　流通面では，G 社連合が開始したポストペイ（後払い）方式の電子マネーは，加盟店においてモバイル（携帯電話）やカードをかざすだけで支払いが完了します。使用前のチャージは不要で，費用は後日クレジットカードから引き落とされる「簡単・スピーディー・おトク」なサービスをうたい文句に広がりを見せています。F 社連合も同様なポストペイ方式の電子マネーを開始，瞬く間に，流通・小売業数社へ導入されることが決まりました。携帯電話各社も「財布・携帯」に代表されるように，決済業務に電子マネーを利用することで，実質的にクレジットカード業界に参入したと言えます。

　やや異なる次元では，マイルや家電量販店でのポイントが電子マネーに交換できるようになっています。逆に電子マネーで貯めたポイントを商品あるいはサービスに交換できるようにもなっています。交換がスピーディーに行われるならば，普及の起爆剤になることもあり得るでしょう。また，地域通貨のなか

に電子マネーの機能を付加するものが誕生しています。さらに，A，D，F，Gの共用化が最近発表されました。これが実現すれば，相当広い範囲での取引範囲をカバーすることになります。上記のように，電子マネーは一見百花繚乱に見えますが，統一した動きが並行的に起こっているのは興味深く，歓迎すべき事象で，より発展する下地が整いつつあるといえるでしょう。

4　政策担当者の課題

　電子マネーを，そのまま放置しておいてよいのでしょうか。決済を伴うことは，経済活動の根幹を揺るがす事態に発展する危惧も当然のことながら存在します。

　政策当局にとって最大の問題は，マネーの管理です。電子マネーの登場により預金通貨を通す決済が減少し，その把握は困難になります。しかし，発行された電子マネーがすぐに通常の通貨になればマネーに変化はなく，問題の本質は，電子マネーとして流通する量と電子マネーの状態でいる時間になります。

　法定準備が存在しなければ，無限大に信用創造が拡大するという向きもありますが，発行者が支払準備を保有し，一部は現金，預金になり，貸出需要が有限であることを考えれば一方的にそうした動きが加速するとは考えられません。支払準備の減少が信用乗数の上昇につながり金融政策の効果が高まる可能性もあります。逆に，電子マネーによって残高の減少が引き起こされ，貨幣需要が不安定化するおそれがあります。さらに外貨使用が拡大すれば，自国通貨建てでの金利が実体経済に与える影響が小さくなるかもしれません。

　電子マネーが金融政策を著しく損なうこと，また通貨にとって換わることは，ここしばらくはなさそうに思えます。そのほか，課税の回避，課税の場所と基準の問題，規制や監督の弱体化によるマネーロンダリングの懸念も指摘されていますが，喫緊の課題は，電子マネーに関して，サービス提供者破綻時の利用者保護，不正使用時の責任分担・保護，その他の法的制度の整備・強化です。法律的な問題については詳しくはふれませんが，例えば，ICカード式電子マネー（表18-3）は「前払式証票の規制等に関する法律」の適用を受け発行金額

に見合う供託金を義務づけているがネットワーク型については規制がないこと，電子マネーと交換できるポイントなどの法的扱いなど，各種の「電子的価値」に対する法規制，消費者保護のあり方が，金融審議会などで検討されています．

5　今後の展開と期待

電子マネーの今後を考えるうえで，ICT (Information and Communication Technology) 革命について少し述べておきましょう．ICT 革命は電子技術の発展に支えられることはいうまでもありませんが，インターネットを通じて，大きな利便が供され，さまざまな情報の入手，交換が居ながらにしてできるので，多くの知的刺激を与え，社会参加への意欲や機会の増加にも役立つでしょう．

ICT 革命の1つである電子マネーは，サービス提供者，利用者を含めた社会全体の便宜，効率を高める多くの可能性を秘めている．今後，金融にたずさわる官民機関は，高齢者，社会的弱者（健常者も含む）にやさしい，ヒューマンベースの技術革新に先導的役割を果たすことが必要です．これには，社会的インフラの整備を進め，通信料金とICT関連機器の使用諸コストを引き下げることが必須の条件となってきます．

なお，セキュリティについては，一層の強化が必要です．なかでも，発行者，運営体には安定性，信頼性の確保と技術革新に対応したセキュリティの確保が要求されます．偽造手段は日々高度化されるであろうし，利用限度額が引き上げられれば，残念ながら偽造のインセンティブも増加します．また，各国での共通化も求められるでしょう．日本独自の仕様にこだわることには，問題が伴わないとは言い切れませんが，資源がない日本としては，ICT で主導権を握るような方策を真剣に考える時期に来ていると思われます．国策として，高い技術が世界的に正当に評価され，あまねく利用されるよう推進すべきでしょう．

さらに進んだ学習のために，ぜひ読んでください

金融情報システムセンター編『金融情報システム白書（各年）』

塩沢由典『金融論』創文社，2002 年
中島真志・宿輪純一『決済システムのすべて』東洋経済新報社，2008 年
日本銀行のホームページ
BIS のホームページ

付録　数学公式

1．微分

微分　（x の関数, a, m は定数）: $d(ax^m)/dx = amx^{m-1}$

偏微分（x, y の関数, a, m, n は定数）:

　　　　x で偏微分（y を定数と考え x で微分する）

$$\partial(ax^m \cdot y^n)/\partial x = am\, x^{m-1} \cdot y^n$$

　　　　y で偏微分（x を定数と考え x で微分する）

$$\partial(ax^m \cdot y^n)/\partial y = an\, x^m \cdot y^{n-1}$$

最大, 最小値の条件:　微分値あるいは偏微分値＝0

全微分: $z = f(x, y)$ のとき,

$$dz = (\partial f/\partial x)dx + (\partial f/\partial y)dy$$

2．対数

$\log(A \cdot B) = \log A + \log B$

$\log(A/B) = \log A - \log B$

3．条件付極大・極小

$\phi(x, y) = 0$ の条件下で, 関数 $f(x, y)$ の極大・極小値を求めるには,
ラグランジュ関数　$L(x, y) = f(x, y) - \lambda \phi(x, y)$　とおき,
$\partial L/\partial x = 0$, $\partial L/\partial y = 0$, $\phi(x, y) = 0$　を解く.

4．最小二乗回帰曲線

2 変数間の関係を $y = a + bx$
と推定し, 測定データ値を, x_i, y_i $(i = 1, 2, \cdots n)$ とする.

$S = \sum_{i=1}^{n}(y_i - a - bx_i)^2$　とし,

$\partial S/\partial a = 0, \quad \partial S/\partial b = 0$

を満たす a，b を求めると，与えられたデータを最もよく説明できる直線（回帰直線）が求められる。

a，b は次式で与えられる。

$a = \bar{y} - b\bar{x}$

$b = \sum_{i=1}^{n}(x_i - \bar{x})(y_i - \bar{y}) / \sum_{i=1}^{n}(x_i - \bar{x})^2$

ただし，

$\bar{x} = (1/n)\sum_{i=1}^{n} x_i$

$\bar{y} = (1/n)\sum_{i=1}^{n} y_i$

索　引

A～Z

AFTA　105,106
ADB　5,68,69
APEC　68,105,106
ASEAN　105,106,110
BIS　42,68,137,196,204
BOLERO　39
CD　134,142,147,170
COP　126
CP　134,141,142,145,171
EC　65,93-96,102,103
ECB　7,99,100-103,121,122
EEC　93,95
EFTA　93,95
EMS　98,102,103
EMU　93
ERM　98,103
EU　7,9,39,42,68,93-97,99-102,104,106,121,126,128
FTA　106
GATT　5,62-66,69,70,96,106
GATS　64
GDP　2,10,65,75,98,102,152,156,166,167,175,176,178,179,184,185
IDA　7,68
IBRD　7,68
ILO　68
IMF　5-7,65,69,71,100,109,113,121,162
NAFTA　68,69,106
NIEs　74,105,110
ODA　75
OECD　11,71,75
RTGS　40,196
TRIPS　64
TTB　149
TTS　149
WTO　5,64-70,77,82,106,109,111,112,114

あ行

IS曲線　166,167,175,176,179-183,187
アジア通貨危機　5,107-109
アジェンダ21　125
アセット・マーケット・アプローチ　155,157
アナウンスメント効果　118,172
アブソープション・アプローチ　166,167
域内市場白書　96
一般均衡分析　49,50
インフレ・ターゲット　120-122
ウェルナー　93,102
ウルグアイ・ラウンド　63-65,69,70,106
LM曲線　175,177-183
円高・円安　8
オゾン層　124
オッファー曲線　28,29,50
オーバーシューティング　159
オバマ　86,92,128
オプション　107,190,192,193,197
オペレーショナル・リスク　40,196
卸売物価指数　122

か行

回帰分析　177
外国為替市場　9,142,149,150,156,160
買取銀行　37
寡占市場　56,58
カーター　86

カバー付き金利裁定　158
カバーなし金利裁定　158
為替介入　159,160
為替レート　5,9,44,71,97-99,108,116,149-153,155-161,164,165,182,186-188,191
環境と開発に関する国際会議　125
気候変動枠組条約　125,126
共同実施　126,127
京都会議　126
銀行の三業務　135
金融機関　12,40,42,88,91,97,100,115-117,119,120,132-135,137-139,143-147,194-196,201
金融政策　91,99,101,103,108,113,118,120,132-134,171-175,178-183,203
金利裁定取引　150,158
金利スワップ　193,194,196
クラウディング・アウト　173,183,184,186,187
クリントン　88,89
クールノー型競争　58
クールノー＝ナッシュの均衡　59-60
経常収支　12,87,90,155,157,162-165,167-169
ケインズ　158
決済システム　39,197,201
限界代替率　23,24,27,28
公開市場操作　100,133,135,171
公定歩合　116-118,133,172
公的金融　144
高度成長　2,79,138,144,168
購買力平価説　150-153
合理的予想　173
国際協力銀行　144
国際決済銀行（BIS）　42
国際収支　5,6,68,71,75,108,162,163,165,168,170,188

国民生活金融公庫　143,144
国連人間環境会議　125
コストアナウンスメント効果　172
固定相場制　5,6,107,108,175,179,181-183
コペンハーゲン基準　94
コンディショナリティ　6

さ行

最恵国待遇　62,64
最適関税率　51,52
最適通貨圏　99
財政政策　102,117,171,173,174,178-183
先物　140,149,150,158,190-192,196,197
先渡し　152,190,191
サービス貿易　7,11,63,64
サブプライム問題　161
サプライ・サイド・エコノミクス　87
産業の空洞化　8,9,74
酸性雨　125
Jカーブ効果　165,166
自己資本比率規制　41,137,196
市場統合　96,97
システミック・リスク　40
実効為替レート　151
実質為替レート　151,164,165
資本収支　74,155,162,163,188
資本集約財　6,9,19,20,22,29,31
住宅金融公庫　145
シュタッケルベルグ均衡　61
証券会社　119,137-141,145,190
証券取引所　140,141,150
消費者金融　146
消費者物価指数　119,120,122
消費者余剰　44,45,47,49,54,55,57,58
食料自給率　13,76,78
食料・農業・農村基本法　80
人口　78-80,82

索　引

信託銀行　134,136-138
信用金庫　134,146
信用組合　88,145,146
信用状　35-39
信用創造機能　133,137
信用リスク　40,119,196
スタグフレーション　86
ストルパー・サミュエルソンの定理　29,31,33
スワップ　149,150,190,193-196
生産可能性曲線　21,22,25,30,49
生産者余剰　44,45,47,48,55,57,58
政府系金融機関　144
整理回収機構　117
世界銀行　5,7,195
石油ショック　6,93,168
絶対優位　16,33
セーフガード　77
戦略的貿易政策　56,58

た行

第二地方銀行　136
短期金融市場　40,132,134,135,154,171
短資会社　134,149,150
弾力性アプローチ　163,167
地球温暖化　80,82,124
地球環境ファシリティ　125
地球サミット　125
知的所有権　63,65,66,68-70
地方銀行　135,136
中央銀行　7,42,68,69,99,103,104,108,118,120-122,133,134,149,171,172,196
直接投資　9,71-75,111,141,162
貯蓄・投資アプローチ　167
通貨危機　5,107-109,160,190
通貨供給量　87,88,100
通貨スワップ　193,194

通貨統合　93-98,102
通知銀行　37
デリバティブ　132,136,149,189,196
電子署名法　40,41
電子マネー　132,147
東京オフショア市場　154
東京ドル・コール市場　142,154
投資収支　162,163
独占市場　56-58
都市銀行　135,136
取消可能信用状・取消不能信用状　38
ドーンブッシュ　159

な行

ナスダック・ジャパン　141
ニクソンショック　5
日米経済構造協議　44
日本銀行　7,75,118-119,132-134,141,142,147,163,170-172,199,204

は行

排出権取引　126,128
発行銀行　37,38
パネル　66-68
バブル　91,109,115,116,118,144,169
比較生産費説　19,33
比較優位　14,16-20,23,24,33
BIS規制　42,137
ブッシュ　86-88,90,92
船積書類　36,37
船荷証券　36-39
部分均衡　48
部分均衡アプローチ　44
プラザ合意　8,44,105,115,167
不良債権　91,109,116-120,160
ブレトンウッズ体制　5,70
ブレトンウッズ会議　42

ヘクシャー＝オリーン　18,31-33
ヘラクレス　141
変動相場制　5,93,107,108,109,163,168,
　179-183,187,188
貿易依存度　10
貿易収支　12,71,74,155,162-164,168,169,
　186
貿易の三角形　20,26-28
保険会社　143,144
ボレロ　39

ま行

マクドゥーガル　72,73
マザーズ　140
マーシャル＝ラーナーの条件　164
マーストリヒト条約　93,95,103
マネタリー・アプローチ　152
マンデル　99
マンデル＝フレミングモデル　175
無差別曲線　21,23-25,27,49-51
メルコスール　68,69,106

や行

輸出補助金　45,55,63,96

輸出自主規制　6,43,63,64,71
輸入関税　46,47,53,54
輸入数量制限　43,45,52,53,62,64,71
ユーロ　10,93,95,97,99-102,104,191
要素価格の国際間均等化　20
予算制約線　21,24,25,27

ら行

リカードー　14,16,18,19,21,33,72
リーガルリスク　40
リスク・プレミアム　152,192,194
リーニング・アゲインスト・ザ・ウインド　160
リーニング・ビハインド・ザ・ウインド　160
リプチンスキーの定理　29,30,33
流動性の罠　180
流動性リスク　40
量的緩和策　119,160
レオンティエフの逆説　29,31
レーガン　86,87,168
労働集約財　5,9,18-20,22,29,32
ローカルコンテンツ　6

著者略歴

栗原　裕（くりはら　ゆたか）

名古屋市生まれ。神戸大学大学院経営学研究科博士後期課程単位取得。光陵女子短期大学国際教養学科専任講師，助教授，愛知大学経済学部経済学科助教授を経て，2002年より同大教授。
文部科学省メディア教育開発センター，名古屋大学高等研究院客員研究員などを併任。専攻は国際経済学，国際金融論。

主要な著書

『EU通貨統合の深化と拡大』(中日新聞社)，『グローバル時代のビジネス・政策デザイン』『知への作法』(有斐閣アカデミア)，『経済学・宣言』(学文社)(以上いずれも単著)，『Global Information Technology and Competitive Financial Alliances』『Information Technology and Economic Development』(Idea Group Publishing：米国)，『Studying the Japanese and World Economies』(朝日出版社)(いずれも共編著)，『ポストビッグバンの金融システム』(千倉書房)，『現代金融論講義』(中央経済社)(いずれも分担執筆)など。

グローバル・エコノミクス宣言

2009年9月10日　第1版第1刷発行

著　者　栗原　裕
発行所　株式会社　学文社
発行者　田中　千津子

〒153-0064　東京都目黒区下目黒3-6-1
Tel.03-3715-1501　Fax.03-3715-2012

ISBN978-4-7620-1990-6

©2009　KURIHARA Yutaka　Printed in Japan
乱丁・落丁本は，本社にてお取替致します。
定価は，カバー，売上カードに表示してあります。〈検印省略〉

http://www.gakubunsha.com
印刷／新灯印刷